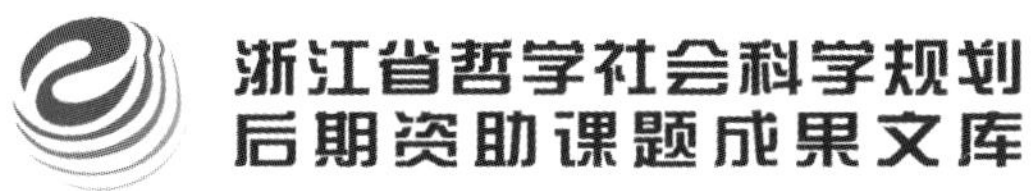

中国区域经济增长差异的产业集聚因素研究

Zhongguo Quyu Jingji Zengzhang Chayi De Chanye Jiju Yinsu Yanjiu

张纯记 著

中国社会科学出版社

图书在版编目(CIP)数据

中国区域经济增长差异的产业集聚因素研究／张纯记著．—北京：中国社会科学出版社，2015.2

ISBN 978－7－5161－5589－9

Ⅰ.①中…　Ⅱ.①张…　Ⅲ.①经济增长－区域差异－研究－中国　Ⅳ.①F127

中国版本图书馆CIP数据核字(2015)第037430号

出 版 人　赵剑英
责任编辑　宫京蕾
特约编辑　大　乔
责任校对　刘　娟
责任印制　何　艳

出　　版　中国社会科学出版社
社　　址　北京鼓楼西大街甲158号（邮编100720）
网　　址　http：//www.csspw.cn
　　　　　中文域名：中国社科网　　010－64070619
发 行 部　010－84083685
门 市 部　010－84029450
经　　销　新华书店及其他书店

印刷装订　北京市兴怀印刷厂
版　　次　2015年2月第1版
印　　次　2015年2月第1次印刷

开　　本　710×1000　1/16
印　　张　10
插　　页　2
字　　数　164千字
定　　价　35.00元

前　　言

改革开放以来，中国经济保持了持续强劲的增长，1979—2009 年的 GDP 年均增长率高达 9.9%，创造了经济增长的“中国奇迹”。在经济高速增长的同时，地域广袤的中国始终面临着区域经济差异问题，存在较大的地区经济差距。中国的区域经济差异在经济增长方面表现为增长的空间非均衡性，沿海地区相对于内陆地区保持了更快的经济增长速度，使区域经济差距难以得到有效缩小。

造成区域经济非均衡增长的原因是多方面的，有发展历史基础的原因，也有区位、资源、技术等发展条件的诸多原因，其中产业集聚因素不容忽视。大量研究表明，我国产业集聚存在显著的区域差异。东部地区尤其是长三角、珠三角、环渤海地区，是我国主要的制造业集聚地，经济增长迅速并获得了持续发展能力；内陆一些地区则由于制造业集聚度不高而经济增长相对落后。

经济发展过程中的产业集聚与经济增长是相伴而生的，是相互影响、相互制约的关系。但是，对于产业集聚与经济增长的研究存在长期的分隔，二者相互结合的研究不足。截至目前，在对产业集聚与区域经济增长的内生协同与互动机理的研究，不论在理论研究上还是实证检验上都还很不够。

本书试图弥补已有经济增长差异研究在空间因素方面的不足，从产业集聚的视角研究中国区域经济增长差异问题。基于产业集聚与区域经济增长内生互动的理论模型，根据改革开放以来中国产业集聚与区域经济增长差异的实际情况，提出了四个理论假说，这些假说包括：产业集聚形成与演化的区域特征方面的原因假说；区域经济增长差异的产业集聚水平因素假说；区域经济增长差异的产业集聚空间依赖因素假说；区域经济增长效率差异的产业集聚结构因素假说。实证研究上，运用改革开放以来中国省区层面的数据分别对以上假说进行了实证检验。

本书的主要结论是：不同区域产业集聚形成与演化具有其内在规律性，受到区域特征方面因素的深刻影响；我国区域经济增长差异受到产业集聚水平与产业集聚空间依赖因素的影响；区域经济增长效率差异受到产业集聚结构因素的深刻影响；促进欠发达地区经济增长向经济发达地区的追赶式收敛，缩小区域经济差距与协调区域经济发展，必须充分重视产业集聚因素。

衷心希望本书能够为从事区域经济学、产业经济学相关领域的研究人员和实际工作人员提供参考。由于作者水平有限，难免存在疏漏与错误，恳请广大读者批评指正。

目　　录

第一章　绪论 ……………………………………………………………… (1)
第一节　选题意义 ……………………………………………………… (1)
一　理论意义 ……………………………………………………… (1)
二　现实意义 ……………………………………………………… (2)
第二节　相关文献综述 ………………………………………………… (3)
一　产业集聚方面的文献 …………………………………………… (3)
二　经济增长方面的文献 …………………………………………… (9)
三　产业集聚与经济增长方面的文献 ……………………………… (13)
第三节　研究框架……………………………………………………… (18)
一　研究目的……………………………………………………… (18)
二　研究内容……………………………………………………… (19)
三　研究思路框架………………………………………………… (21)
四　研究方法……………………………………………………… (21)

第二章　产业集聚与中国区域经济增长差异理论分析 ……………… (23)
第一节　产业集聚与区域经济增长理论模型 ………………………… (23)
一　模型假设……………………………………………………… (23)
二　均衡分析……………………………………………………… (26)
三　均衡稳定性分析 ……………………………………………… (32)
第二节　中国产业集聚与区域经济增长差异理论假说 ……………… (37)
一　产业集聚形成与演化的区域特征 ……………………………… (37)
二　产业集聚水平与区域经济增长差异 …………………………… (38)
三　产业集聚的空间依赖与区域经济增长差异 …………………… (38)
四　产业集聚结构与区域经济增长效率差异 ……………………… (39)

第三章 中国产业集聚的区域差异及其动态演化 ……………………（40）
第一节 引言……………………………………………………………（40）
第二节 产业集聚的测度方法 ………………………………………（41）
一 产业集聚水平的测度方法 ……………………………………（41）
二 产业集聚结构的测度方法 ……………………………………（43）
第三节 中国产业集聚水平的区域差异及其变动 …………………（44）
一 产业集聚的行业集中度指标 CR_4 ………………………………（44）
二 产业集聚的空间 Gini 系数 ……………………………………（48）
三 产业集聚的 Theil 指数 …………………………………………（49）
第四节 中国产业集聚结构的区域差异及其变动 …………………（50）
一 区位熵………………………………………………………………（50）
二 专业化指数…………………………………………………………（53）
第五节 中国产业集聚形成与演化的区域特征 ……………………（54）
一 模型…………………………………………………………………（54）
二 变量与数据…………………………………………………………（55）
三 实证结果分析………………………………………………………（56）
第六节 小结……………………………………………………………（58）

第四章 产业集聚水平及其空间依赖与中国区域经济增长率差异……………………………………………………………………（60）
第一节 引言……………………………………………………………（60）
第二节 中国区域经济增长差异及其收敛性 ………………………（62）
一 中国区域经济增长的空间分异 ………………………………（62）
二 中国区域经济增长的收敛性 …………………………………（65）
第三节 区域内部产业集聚水平与中国区域经济增长 ……………（72）
一 模型 …………………………………………………………………（73）
二 变量…………………………………………………………………（74）
三 回归结果分析………………………………………………………（75）
四 集聚水平与区域经济增长的动态演化 ………………………（80）
第四节 产业集聚的空间依赖特性 …………………………………（82）
一 产业集聚空间依赖性的表现 …………………………………（82）
二 产业集聚空间依赖性产生的原因 ……………………………（83）

三　产业集聚空间依赖性的影响 ……………………………… (84)
四　产业集聚空间依赖的破解途径 ……………………………… (84)
第五节　产业集聚与中国区域经济增长的空间计量分析 ………… (87)
一　产业集聚与区域经济增长的空间分布分析 ……………… (87)
二　产业集聚与区域经济增长的空间自相关分析 …………… (88)
三　产业集聚与区域经济增长的空间计量模型分析 ………… (91)
第六节　小结…………………………………………………… (96)

第五章　产业集聚结构与中国区域经济增长效率差异 ………… (99)
第一节　引言…………………………………………………… (99)
第二节　产业结构变动与区域产业集聚结构演化…………… (100)
一　区域产业结构变动 ……………………………………… (100)
二　区域产业结构变动与产业集聚结构演化 ……………… (101)
第三节　产业集聚类型与中国区域经济增长效率…………… (104)
一　研究方法 ………………………………………………… (105)
二　模型、变量与数据 ……………………………………… (106)
三　实证结果分析 …………………………………………… (109)
第四节　产业集聚行业与中国区域经济增长效率…………… (112)
一　产业集聚生产率效应的总体考量 ……………………… (113)
二　产业集聚生产率效应的分行业考量 …………………… (115)
三　产业升级与区域经济增长的可持续性 ………………… (118)
第五节　小结 ………………………………………………… (119)

第六章　结论与政策建议 ……………………………………… (121)
第一节　本书的主要工作 …………………………………… (121)
第二节　本书的主要结论 …………………………………… (124)
第三节　政策建议 …………………………………………… (128)
一　发挥区域比较优势，促进区域特色产业集聚…………… (129)
二　优化产业空间布局，提高区域产业集聚的经济增长
效应 ……………………………………………………… (130)
三　加快产业结构调整，促进区域经济可持续增长………… (131)
四　推动区际产业转移，实现区域经济协调发展…………… (132)

第四节　进一步研究的展望 ……………………………………………… (133)

附录　各省区的制造业专业化行业及其变化 ………………………… (135)

参考文献 ………………………………………………………………… (140)

后记 ……………………………………………………………………… (152)

第一章

绪　　论

第一节　选题意义

一　理论意义

经济增长是经济学中最引人入胜的领域之一，吸引了众多经济学家的关注。其中，尤以索罗（Solow，R. M.）贡献巨大。在哈罗德（Harrod，R.）、多马（Domar，E.）、刘易斯（Lewis，A.）等的研究基础上，索罗创立了新古典经济增长理论。新古典经济增长理论具有比较严密的逻辑演绎和模型推导，成为很多经济增长研究的基石，对经济增长领域的影响深远。新古典经济增长理论建立在完全竞争与规模报酬不变的假设前提下，认为劳动投入和资本积累对经济增长的贡献存在边际报酬递减，经济体的长期增长只有依靠外生的技术进步，否则长期增长率将趋于停止。

由于新古典经济增长的结论与现实存在很大差距，一些经济学家试图寻找新的解释，以罗默（Romer，P.）和卢卡斯（Lucas，R.）为代表的经济学家通过把技术进步内生化，创立了新增长理论。新增长理论从技术内生和规模收益递增出发，强调知识外溢、专业化的人力资本、劳动分工、有意识的研究与开发在经济增长中的作用，甚至主张把政府活动内生化。按照新增长理论的观点，在劳动投入过程中包含着因教育、培训、在职学习等形成的人力资本，在物质资本积累过程中包含着因研究与开发、创新等形成的技术进步，由于要素的边际报酬递增，经济体可以实现持续长期增长。

长期以来，主流经济学在研究经济增长中忽视空间因素的影响，这种空间经济均质性假定和现实的块状经济、集聚经济存在较大偏差。即使是新增长理论，如果不考虑知识、技术溢出的空间约束，也不能很好地解释各国各地区存在的较大发展差距问题。

经济学对空间的关注历史悠久。早在1826年，德国经济学家杜能（Thunen，V.）就创立了农业区位论，第一次系统地阐明空间摩擦对经济活动的影响。此后韦伯（Weber，A.）创立了工业区位论，以解释工业生产区位选择，以及人口与产业集聚的原因。克里斯塔勒（Christaller，W.）创立的中心地理论，探索了城市的空间分布和区域的空间结构。古典区位论对现实经济的空间因素具有深刻的思考，但未能受到主流经济学的足够关注，直到克鲁格曼（Krugman，P.）、藤田昌久（Fujita，M.）、维纳布尔斯（Venables，A.）创立的新经济地理学诞生。新经济地理学基于不完全竞争和规模报酬递增的前提假设，D－S模型、冰山成本、动态演化和计算机的建模策略，成功地将空间因素纳入主流经济学的一般均衡分析框架中，使其可以规范地解释地理空间中经济活动的集聚现象。

经济发展过程中的产业集聚与经济增长是相伴而生的，是相互影响、相互制约的关系。但是，对于产业集聚与经济增长的研究存在长期的分隔，二者相互结合的研究不足。截至目前，在对产业集聚与区域经济增长的内生协同与互动机理的研究，不论在理论研究上还是实证检验上都还很不够。本书基于产业集聚与区域经济增长内生互动理论，并结合中国的发展实际，提出我国区域经济增长差异的产业集聚因素的几个理论假说并进行实证检验，以期能够对此研究领域做出些许微薄的贡献。

二　现实意义

改革开放以来，中国经济保持了持续强劲的增长，1979—2009年的GDP年均增长率高达9.9%，创造了经济增长的“中国奇迹”。在经济高速增长的同时，地域广袤的中国始终面临着区域经济差异问题，存在较大的地区经济差距。中国的区域经济差异在经济增长方面表现为增长的空间非均衡性，沿海地区相对于内陆地区保持了更快的增长，1978年东部地区的GDP份额为44.5%，2009年时上升到53.8%。

造成区域经济非均衡增长的原因是多方面的，有发展历史基础的原因，也有区位、资源、技术等发展条件的诸多原因，其中产业集聚因素不容忽视。大量研究表明，我国产业集聚存在显著的区域经济差异。东部地区尤其是长三角、珠三角、环渤海地区，是我国主要的制造业集聚地，经济增长迅速并获得了持续发展能力；内陆一些地区则由于制造业集聚度不高而经济增长相对落后。

对于区域经济增长在长期是趋于收敛还是发散的问题，新古典经济增长理论和新增长理论存在争议。新古典经济增长理论基于要素边际报酬递减规律，得出区域经济增长收敛的推论；而新增长理论则认为决定经济长期增长的知识、技术具有边际报酬递增的特点，因而区域经济增长会趋于发散。中国区域经济增长的实践表明，区域经济差距很难自动缩小，区域经济增长差异也将长期存在。从产业集聚的角度研究区域经济增长差异，可以更深入地了解我国区域经济差距形成与演化的内在规律，从而有助于找到缩小区域经济差距的有效途径，为政府从宏观层面协调区域经济发展提供政策建议。

第二节　相关文献综述

一　产业集聚方面的文献

（一）产业集聚理论研究

产业集聚是某产业部门或者某些产业在一定空间的集中分布状况，产业集聚理论是随着产业及其空间分布的发展演变而不断发展的。早期的产业集聚理论发轫于德国古典区位论，包括杜能的农业区位论、韦伯的工业区位论、克里斯塔勒的中心地理论、勒施（Losch，A.）的市场区网络理论等。杜能在1862年的著作《孤立国同农业和国民经济的关系》中，第一次从区位研究的角度提出了农业生产区位的决定因素是级差地租。韦伯在其1909年出版的著作《工业区位论》中，将影响工业区位的因素分为区域性因素和集聚因素两类，工业的区域分布受区域性因素影响，区域内的厂商集中则是受集聚因素的影响。韦伯的工业区位论揭示了运费和劳动力因素对工业生产区位的选择的影响，并指出集聚经济的好处是使单位产品成本获得附加节约。韦伯的研究为古典时期的产业集聚理论研究奠定了框架，对后来的研究产生了深远的影响。总之，古典区位论虽然对于影响生产的区位因素进行了探索，但由于其主要侧重于研究经济环境对企业区位和产业布局的影响，对于产业集聚的研究还比较零碎，没有能够对产业集聚的形成原因进行深入系统的分析。

英国新古典经济学家马歇尔（Marshall）在其1890年的《经济学原理》一书中，把产业集聚称为“工业区”，并首次对产业集聚现象及其形成原因进行了较为系统的研究。马歇尔提出集聚的根本原因来自于外部经济和规模经济，同一产业内相关企业在地理空间上的集中，可以使企业充分利用专业化的劳动力市场、中间产品市场和专业化服务市场，以及获得企业间知识溢出的好处等，从而大大降低企业成本。马歇尔虽然在一定程度上解释了产业集聚形成的原因，但没有阐明外部经济性的最初来源。

由于产业集聚现象存在的普遍性及其对经济的强大影响力，对于产业集聚现象的研究吸引了包括经济学、地理学、管理学等多学科的学者，分别从不同的角度对产业集聚进行解释。

迈克尔·波特（Porter，1990）在竞争优势理论的框架下，重构了有关产业集聚的新竞争经济理论，认为集聚是由竞争产生的，集聚能够提升产业竞争力和国家竞争力。波特指出，产业集群企业之间是一种独立的、非正式的关系，共同构成松散的价值链体系，这种空间组织形式具有高效灵活的特性，可以产生竞争优势。他提出了独特的“菱形构架”理论来分析国家竞争优势，认为国家竞争力来自于四项环境因素：生产要素条件、需求条件、相关产业和支持产业，以及企业的战略、结构与竞争对手。波特指出，产业集聚的发生是由于企业间的地理接近性可以使其生产率和创新利益进一步放大，有助于降低交易费用、创造和传播信息，并感知、承受来自同行的竞争压力。

经济的空间区位问题，包括产业集聚问题，长期以来被排斥在主流经济学之外，主要原因是把空间因素模型化很困难。20世纪70年代，迪克斯特（Dixit）与斯蒂格利茨（Stiglitz）提出了著名的D-S模型，突破了完全竞争及规模报酬不变的固有视角，使研究张伯伦（Chamberlin）的垄断竞争市场结构成为可能。克鲁格曼（Krugman，1980、1991、1993）在此基础上通过把空间因素模型化，将区位问题研究纳入主流经济学的视野，并开创了新经济地理学，使其成为迄今为止研究产业集聚最为成功的理论。克鲁格曼以规模报酬递增、不完全竞争的市场结构为假设前提，在D-S模型的基础上，认为产业集聚是由企业的规模报酬递增、运输成本和生产要素流动通过市场传导的相互作用而产生的。规模报酬递增促使单个生产者集中他们的生产活动；运费因素使其愿意布局在较大的市场周围；要素流动意味着生产者迁往一个地方后会使相关的市场规模增大，从而使该地更具吸引力。克鲁格曼将最初的产业集聚归于一种历史的偶然，初始的优势因“路径依赖”而被放大，从而产生“锁定”效应，所以集聚的产业和集聚的区位都具有“历史依赖”性。1999年，藤田昌久、克鲁格曼和维纳布尔斯（Venables）综合新经济地理学派多年的研究成果，共同撰写了《空间经济学——城市、区域与国际贸易》，为研究经济和产业活动的空间分布提供了较为系统的理论工具，并促进了空间经济学的发展。

按照新经济地理的观点，交通成本是影响产业集聚的重要因素，且其影响具有非线性特征。初始时期较高的交通成本使制造业部门呈现扩散的状态，随着交通成本的降低，中级水平的交通成本有利于促进产业集聚，但交通成本降低到一定程度产业发生再次扩散。曾（Zeng，2006）的研究发现，第三阶段的产业再扩散过程不同于第一阶段的扩散过程，在需求、递增规模和交通成本的相互作用下，存在产业在不同区域集聚的分离均衡。

在一般新经济地理模型中，由于劳动力自由流动或企业间的垂直联系，产业集聚水平不能提高。库利巴利（Coulibaly，2008）则在劳动力自由流动和企业自由进出的前提下研究产业集聚和专业化，发现随着贸易成本的降低，集聚活动遵循倒U型模式演变，而区域专业化水平则不断提高。

大久保（Okubo，2009）在中间投入品关联、企业异质性和固定出口成本前提下，研究了贸易成本降低对制造业地理集中的影响，非出口企业通过弱化企业前后向关联阻碍集聚，渐进的贸易自由化导致渐进性产业集聚而非传统经济地理模型所揭示的突变性集聚，贸易自由化导致中心福利增加和外围福利减少，由于非出口中间品投入的存在，即使贸易成本为零也不能做到中心和外围福利的均等化。

皮卡德等（Picard，2010）基于轨道经济模型，研究了交通运输成本形状对空间均衡结构的影响，结果表明企业和工人在少数城市的集聚是经济相互作用的自然结果。

在对产业集聚的研究上，新经济地理是截至目前最为成功的理论。建立在收益递增、不完全竞争、冰山成本理论基石上的新经济地理理论，比较成功地解释了产业集聚的形成与发展过程。尤其是克鲁格曼创立的“中心—外围”模型，揭示了均衡区域由于产业集聚向非均衡区域演化的内在运行机制，并成为其后的产业集聚理论研究的重要基础。新经济地理通过比较严密的数学模型推导，注重模型稳态和均衡分析，具有比较规范的研究范式，把长期以来被忽视的空间问题纳入主流经济学中，形成了新经济地理学在产业集聚研究上的理论模型优势。但过于注重数学模型及其推导的严密性，较多的模型假设前提为简化而把在现实中影响产业集聚的技术、制度、文化等因素剔除在外，都使其理论模型的现实解释力受到影响。新经济地理对于产业集聚的研究往往强调产业集聚发生的偶然性，忽视对产业集聚发生的一些必然规律的研究，从而限制了其经济政策方面的指导意义。

（二）产业集聚实证研究

对于产业集聚的实证研究多是从产业集聚形成与演化的原因、产业集聚发展演变过程以及产业集聚的经济效应等方面进行展开的。

艾巾格等（Aiginger，2004）认为熵指数方法在研究产业专业化和产业集聚上具有优势，并运用此方法研究了欧盟产业集聚水平，发现其产业集聚度有降低的趋势，大致处于经济地理所揭示的产业集聚发展的“倒U型”曲线的右侧，在此阶段递减的交通成本促进了产业的再扩散。

惠勒（Wheeler，2007）使用美国200个大城市区的三位数制造业数据，对产业集聚与人力资本外部性的关系进行了研究，发现以教育和经验衡量的平均人力资本水平与产业就业人数正相关，说明产业集聚的一个突出特征是人力资本存量大，但是产业总体规模只受到工资水平的影响的结论，对地方化经济来源于基于教育或经验的知识溢出的观点提出了质疑。

路等（Liu，2009）的研究发现产业层面的集聚水平与劳动生产率负相关，而在企业层面则是正相关，由于劳动生产率与产业获利能力正相关，地方政府具有保护获利能力较强产业的冲动，从而阻碍了市场一体化进程。

徐（Xu，2009）基于20世纪90年代中国150个城市的面板数据，研究了以人口规模和人口密度衡量的城市集聚对城市生产率的影响，发现城市人口规模与生产率呈倒U型关系，且城市生产率极大值对应的城市规模约为300—400万人口；城市人口密度对城市生产率具有正向促进作用。

我国产业集聚的形成和演化具有复杂性，学者们从要素禀赋条件、市场规模效应、经济开放、制度等方面分析了我国产业集聚的形成原因。金煜等（2006）使用新经济地理学的分析框架分析了经济地理和经济政策等因素对我国工业集聚的影响，并使用1987—2001年的省级面板数据研究了导致中国地区工业集聚的因素，发现经济开放促进了工业集聚，而经济开放又与地理和历史的因素有关，市场容量、城市化、基础设施的改善和政府作用的弱化也有利于工业集聚，沿海地区具有工业集聚的地理优势。乔彬和李国平（2008）尝试建立联立方程模型来研究产业集聚与知识溢出，实证结果表明比单向方程有很多优点，纠正了内生性偏差，提高了知识溢出对产业集聚作用量化的准确性，知识溢出、劳动力汇集、人口和投入变量与产业集聚正相关。肖建清和刘德学（2008）测度了我国2003—2005年的制造业产业集聚状况，发现制造业总体空间集聚程度一般，区域特色有待加强，产业集聚程度由高到低的行业分布基本与从技术密集型到资本密集型再到劳动密集型产业的路径一致。张小蒂和王永齐（2010）研究了企业家显现和内生性产业集聚的关系，发现金融市场效率越高的地区企业家密度相对较高，产业集聚的规模和效果相对明显，这是造成我国区域发展差异的诱因之一。王永进等（2010）使用2004年中国各省区细分产业的相关数据，研究了契约制度对产业集聚的影响，发现在控制了要素禀赋、市场潜力、基础设施和对外贸易等因素后，契约制度对地区产业集聚有显著影响。

产业集聚是产业在空间的集中分布状况，产业集聚在世界各地的分布态势是不同的，有的国家可能已经到了集聚向扩散的转换阶段，而我国可能还处于集聚度不断提高的过程中。马诺和大冢（Mano & Otsuka，2000）研究了日本制造业部门从大都市向外扩散的问题，发现在影响就业增长的因素中集聚经济的拉力作用很微弱，而城市拥挤效应和来自服务业的竞争压力是产业扩散的主要推力。虽然在我国沿海个别大都市出现了产业集聚过度的迹象，但一般认为产业转移只是发生在区域内部。何奕和童牧（2008）利用长三角16个城市制造业在1984年、1997年和2003年的数据，研究了区域内产业转移和产业集聚的动态演化和路径选择过程，发现第二、三类制造业已经或正在从上海向周边区域转移，并在上海、苏州和无锡等地形成了多产业的集聚。葛（Ge，2009）研究了全球化对中国产业集聚的影响，发现中国的产业集聚水平从1985年到2005年有显著的上升，对外贸易与FDI是影响产业集聚的重要因素，出口导向的产业与外商投资产业比其他产业具有更高的集聚度。路和陶（Lu & Tao，2009）使用企业层面的数据研究了1998—2005年中国制造业的集聚趋势及其决定因素，发现虽然集聚水平与法国、英国、美国等发达国家相比还很低，但集聚水平在不断提高，在控制了马歇尔外部性、资源禀赋和规模经济等影响集聚的传统因素后，发现地方保护主义是阻碍制造业集聚的重要因素。

产业集聚类型一般包括专业化集聚和多样化集聚，分别对应于MAR外部性和Jacobs外部性，而Poter外部性强调竞争。巴蒂斯（Batisse，2002）利用中国1988—1994年30个工业行业的数据，实证检验了三种外部性对地方经济增长的作用，发现多样化和竞争有利于经济增长，专业化则具有负向冲击作用。布莱恩等（Blein，2006）研究了专业化、多样化对德国1980—2001年地区就业的影响，发现多样化对就业增长的效应为正，且制造业的效应大于服务业的效应，专业化的正效应不明显。薄文广（2007）利用我国29个省、市、自治区的25个产业面板数据研究了外部性对于地区产业增长的影响，发现专业化水平与产业增长之间存在着负向关系，竞争程度与地区产业增长之间存在着正向关系，多样化程度与产业增长之间存在着一种非线性关系。樊福卓（2007）构造了地区专业化系数指标，指出在研究专业化问题时必须考虑地区（或行业）的相对规模，实证研究发现中国地区的专业化水平自20世纪80年代中后期以来有了较大程度的提高。产业集聚过程伴随着专业化和分工深化的过程，而专业化分工进一步促进集聚效应的发挥。陈建军等（2009）基于长三角地级市企业数据，研究了产业集聚间分工及其区域溢出效应，发现产业集聚间分工是区域竞争优势的主要源泉。赵祥（2009）从专业化和总量集聚水平两个维度分析了我国省区产业集聚的类型与特征，对产业集聚的形成机理进行了分地区检验，发现要素禀赋条件、市场规模效应、集聚效应和资源流动成本对不同类型地区的产业集聚的作用存在明显差异，区际要素和商品流动性高低不同的组合是差异的深层原因。

总之，对于产业集聚的实证研究已经从诸多方面走向深入，表现在集聚测度方法的不断改进上，更体现在对于集聚形成与演化的内在机理的探究上。对于产业集聚的实证研究需要在以下方面得到加强：在是产业集聚测度方法的创新上，包括反映产业集聚某一方面特征的单一指标测度方法，以及能够综合反映区域产业集聚整体特征的综合指标测度方法；在以往注重产业集聚历史和现状考察的基础上，加强对于产业集聚未来演化的预测研究，增强产业集聚研究的现实指导价值；更加深入地探寻产业集聚形成与演化的规律性，为区域经济发展提供理论指导和政策建议。

二 经济增长方面的文献

（一）经济增长理论

经济增长一般是指一国或一个地区在一定时期产品和劳务的增长。美国经济学家库兹涅茨（Kuznets）曾给经济增长下过一个经典性的定义："一国的经济增长，可以定义为给居民提供种类日益繁多的经济产品的能力的上升，这种不断增长的能力是建立在先进技术以及所需要的制度和思想意识之相应调整的基础之上的。"

经济增长是经济学一个非常重要的研究领域。著名经济学家卢卡斯在其论文《经济发展的机制》中谈道："一旦你开始探究经济增长问题，你就很难再将注意力转移到其他事情上去了。"在罗伯特和谢维尔合著的《经济增长》一书中，两位经济学家称经济增长是宏观经济学中真正重要的部分。

经济学自产生以来，就一直重视对经济增长问题的研究。亚当·斯密（Adam Smith）在其经典著作《国富论》中提到，经济增长的源泉有两个，即劳动生产力的提高和劳动数量的增加。可见，早期的经济增长较为关注的是劳动对于经济增长的作用。但早期的增长理论比较零碎，缺乏系统分析和严密的模型化推理。哈罗德和多马是较早把经济增长理论模型化的古典经济学家，按照他们的研究，只有在国民储蓄率等于资本—产出比率和有效的劳动力增长速率的情况下，经济体系才能以一个不变的速率稳定增长。由于哈罗德和多马模型强调资本积累对于经济增长的重要性，使人们对经济增长源泉的认识由以劳动为主转向以资本为主。

索罗和斯旺（Swan）在1956年提出新的经济增长模型，开创了新古典经济增长理论，放弃了哈罗德—多马模型对于生产中劳动和资本比例固定的假设，建立了一种资本和劳动可以替代的长期增长模型。新古典经济增长理论认为在没有外力推动时，经济体系无法实现持续的增长。只有当经济中存在技术进步或人口增长等外生因素时，经济才能实现持续增长。索罗的长期增长模型打破了一直为人们所奉行的"资本积累是经济增长的最主要的因素"的理论，向人们展示出，长期经济增长除了要有资本以外，更重要的是靠技术的进步。新古典经济增长理论具有比较严密的逻辑和精巧的模型推导，对经济增长理论的发展具有深远的影响。但新古典经济增长理论的缺陷在于假定技术进步是外生变量，排除了影响经济增长的最重要因素，未能解释出长期经济增长的真正源泉，不能很好地解释现实经济增长，也不能说明国家间的收入差距。

罗默（1986）和卢卡斯（1988）分别从内生技术进步和人力资本溢出方面解释经济体得以长期增长的原因，促进了新经济增长理论（又被称为内生增长理论）的形成与发展。内生增长理论认为新古典经济增长理论的两个核心假设（技术外生、规模收益不变或递减）都不符合现实，于是从技术内生和规模收益递增出发，强调知识外溢、专业化的人力资本、劳动分工、有意识的研究与开发在经济增长中的作用，甚至主张把政府活动内生化。在内生增长理论中，资本对于经济增长的关键性作用已经让位于知识和技术进步，由于人力资本、知识、技术进步具有规模收益递增的特点，经济体可以实现长期持续的增长。内生增长理论不仅较好地解释了一些经济增长事实，而且对各国经济增长实践产生了广泛而深远的影响。

影响经济增长的因素很多，正确地认识和估计这些因素对经济增长的贡献，对于理解和认识现实的经济增长以及制定促进经济增长的政策都是至关重要的。因此，经济增长因素分析就成为现代经济增长理论的重要研究部分。丹尼森（Denison）把经济增长因素分为两大类：生产要素投入量和生产要素生产率。生产要素投入包括劳动、资本和土地。生产要素生产率则取决于资源配置状况、规模经济和知识进展。库兹涅茨通过对国民生产总值及其组成部分的长期估量、分析与研究，进行各国经济增长的比较，认为经济增长的因素主要是知识存量的增加、劳动生产率的提高和结构方面的变化。

经济增长是一种复杂的经济社会现象，是经济社会发展的基础。人们对经济增长的认识也在不断深化之中，从古典经济增长理论到新古典经济增长理论，再到新经济增长理论，就体现了经济增长理论是随着经济社会发展而不断发展演变的过程。新经济增长理论之所以能够成为现代经济增长理论的主流，是因为其把许多原来外生的经济增长因素内生化，从而提高了对现实的解释力。

多伊等（Doi，2007）构建了一个两国内生增长理论模型，用来解释长期贸易模式和世界经济增长率的共同决定因素，发现世界经济增长率越高，系统内平衡增长路径间的国际贸易量越小。

塔米（Tamai，2009）在罗默内生增长理论模型的基础上，研究了政府公共资本积累对于经济增长的影响，发现在公共资本密度足够高的情况下，经济体表现为消费增长率和中间产品可获得数量均呈 S 型收敛与稳态增长率的转换动态特征，表明公共投资通过刺激需求和提高市场利率促进经济增长。

戈麦基（Gómez，2011）构建了一个包含物质资本、人力资本和 R&D 活动的内生增长理论模型，假定创新取决于研究努力的复制所产生的外部性和 R&D 溢出，在保证唯一合理稳态均衡和长期经济增长前提下进行模型转换动态研究，发现复制外部性的引入提高了模型对于现实数据的拟合度。

经济增长理论研究一般关注于经济体的长期增长过程，长期增长的影响因素和增长周期一直是主要的研究领域。影响经济增长因素的内生化无疑是一个重要的发展方向，对于长期经济增长动态的研究也很重要，这些方面的研究都会为经济体实现长期可持续增长提供理论指导。

（二）经济增长实证研究

学者们对于经济增长的实证研究主要涉及以下方面：首先是对经济增长理论模型的检验，检验经济增长理论模型是否对现实经济具有解释力。其次是对经济增长源泉的分析，分析国家和地区经济增长的影响因素，以寻求长期经济增长的实现途径。最后是对现实当中普遍存在的不同国家和地区经济增长差异进行分析和解释，以找到缩小区域经济差距、实现区域经济协调发展的有效途径。

考克斯黑德（Coxhead，2007）研究了东南亚一些国家的经济增长问题，由于中国经济的迅速增长和融入世界市场，使东南亚一些国家丧失了在劳动密集型制造业和自然资源方面的比较优势，使其产业发展受到威胁和出口大幅度下滑，尤其是那些缺乏资源环境管理的国家比较容易陷入"资源诅咒"假说所预言的低速增长状态。

丁等（Ding，2009）使用包括中国在内的 146 个国家 1980—2004 年的面板数据，运用系统 GMM 估计技术实证检验了索罗经济增长理论模型的解释力，发现经过人力资本和结构变迁调整的索罗经济增长理论模型很好地解释了各国经济的增长差异，中国的快速经济增长来源于较高的物质资本投资、条件收敛的取得、就业结构和产出结构的显著变化、较低的人口增长率。

罗德里格斯等（Rodríguez-Pose，2010）使用区域微观经济数据，研究了西欧收入和教育分布与经济增长的关系，研究结果表明，在现有的不公水平上，区域收入和教育不公的增加对其经济增长具有显著促进作用，教育水平与经济增长正向关联，教育水平不公对经济的作用大于平均教育水平提高的贡献，初始收入水平对经济增长的影响不明确。

田（Tian 等，2010）使用空间计量技术对中国各省区 1991—2007 年的经济增长进行了实证分析，发现各省区经济增长存在较强的正向空间依赖，在控制了空间溢出效应后各省区经济增长存在显著的条件收敛，相邻区域在资本积累和城市化方面存在竞争效应，中国经济增长存在空间相互作用和增长特征明显不同的空间收敛俱乐部。

中国由于地域广袤、经济活动空间分布不均衡等因素，存在较大的区域经济差异。俞路和蒋元涛（2007）的研究表明，新中国成立以来全国整体区域经济差异在持续拉大，区间差异逐渐上升为主要差异，区内差异逐步缩小，区域经济越不平衡越容易内部产生经济增长极。刘树成和张晓晶（2007）的研究表明，中国经济增长呈现出“高位—平稳”型特点，在持续高增长中地区间（省际间）经济增长的速度差异呈现出明显的缩小趋势，用变异系数、基尼系数、0 系数三种方法分别测算的 1952—2006 年地区间人均 GDP 的总体差异，均显示出三个先扩大后缩小的倒 U 型。余长林（2008）运用面板数据广义矩估计方法对 1978—2003 年我国各省经济增长的差异进行了研究，发现中国各地区间的经济增长存在显著的条件收敛特征。刘勇和李宪（2009）对 1978—2007 年中国区域经济增长态势进行了分析，发现总体上呈“东西部快、中部慢”的态势，但地区经济差距不断向趋缓方向发展。

陈秀山和徐瑛（2004）认为，我国区域差距的影响因素主要有投入要素的量和质、要素配置效率、要素使用效率、空间格局变动，在不同时期四种因素的重要性各不相同。姚先国和张海峰（2008）在增长回归框架下，运用动态面板数据方法和传统的固定效应估计考察了教育对地区收入差异的影响，发现劳动力教育程度的提高对地区经济增长有显著积极的作用，中国各省区的经济发展存在较快的条件收敛的迹象。李杰（2009）基于空间内生增长理论的研究，发现贸易自由化是产业集聚的向心力，知识溢出是产业集聚的扩散力，由于贸易自由化大于知识溢出的作用，导致中国区域经济增长差距扩大，出现东部隆起和中西部塌陷的经济地理现象。包玉香等（2010）对山东省人力资本空间集聚和区域经济增长的研究发现二者存在正相关，人力资本具有明显的外部性和较高的产出弹性。

造成我国区域经济差异的原因是多方面的，比较多的研究往往侧重于从劳动力、资本等要素差异和生产率差异的角度进行解释，较少关注经济活动空间因素的影响，尤其是产业集聚因素。经济增长和产业集聚是内生相互促进的过程，已有文献较少从产业集聚的角度研究中国区域经济增长差异，尤其缺乏对于产业集聚引致区域经济增长差异的内在机理的深入研究。

三　产业集聚与经济增长方面的文献

（一）产业集聚与经济增长的理论研究

产业集聚和区域经济增长是互为内生的关系，即集聚促进区域经济增长，区域经济增长进一步吸引要素集聚。集聚与经济增长就像硬币的两面，是密不可分的。

由于相关的理论难以技术化处理，对于集聚与增长互动的内在机理研究的发展一直滞后。幸运的是，几乎同步发展起来的新经济地理学和新经济增长理论共同以垄断竞争模型分析框架为基石，这就为将两个理论体系合理结合阐释集聚与增长的互动机理奠定了坚实的基础。同时，集聚与增长内生协同变化可能受一些共同因素的作用，即促进经济增长的核心要素亦是强化集聚的重要动力源，或者集聚的动力也是经济增长的引擎（罗能生等，2009）。

在集聚与经济增长的理论研究上，找到新经济地理和新经济增长理论的共同内核，并建立起其内在关联是问题的关键，而知识溢出和创新显然是其中重要的关联。鲍德温和福斯里德（Baldwin & Forslid，2000）通过在克鲁格曼（1991）的“中心—外围”模型的基础上加入 Romer 内生增长模型，构造了产业集聚和长期增长共同内生的模型，其中增长是强大的向心力，知识溢出是强大的离心力，旨在鼓励经济活动分散的一体化政策，由于降低贸易成本反而促进了集聚，集聚对核心和外围区域的经济增长都有促进。

马丁和奥塔维亚诺（Martin & Ottaviano，2001）的模型表明，即使没有技术溢出，集聚也可以通过贸易促进增长，集聚与经济增长是内生的相互促进的过程，集聚降低创新成本从而促进区域经济增长，经济增长也会由于原有部门的创新扩张吸引外部企业的集聚。

藤田和泽塞（Fujita & Thisse，2003）把“中心—外围”模型与 Grossman-Helpman-Romer 内生增长模型相融合，构造了一个两区域的内生增长模型，研发部门的创新活动包含了技术工人间知识外部性溢出，集聚促进创新并产生帕累托主导的增长，使中心和外围区域都受益，外围区域的福利水平也高于分散时的状态。

虽然知识溢出被视作集聚的离心力，但不少研究都认为，知识溢出是有条件的，是地方化而非全球化的。诺卡（Nocca，2005）把区际技术水平差异引入标准的经济地理模型，假定只有落后区域的学习能力足够强的情况下区际技术水平的差距才可能缩小，研究发现只有阻碍区际企业交流的贸易成本降低到一定的程度，并且区际技术差距不是太大时，区际知识溢出才能发生。卡尔森等（Karlsson，2006）在模型中假定知识资源是由大学和企业生产的，用获得知识所需旅行的时间距离测度知识可获得性，研究了知识可获得性和经济增长的关系，发现距离知识资源的空间距离也就是知识地方化溢出对经济增长具有明显影响。

产业集聚与经济增长的关联还表现在劳动、资本等要素上。艾格等（Egger，2007）把知识资本和跨国企业引入新经济地理模型，产生比传统的模型更明显的中心—外围模型，发现非熟练劳动力流动对集聚的影响不如熟练劳动力，模型可以解释欧洲和美国不同的产业集聚差异。不同于克鲁格曼（1991）模型在标准的“新贸易”模型上引入部分劳动力流动和贸易成本导致突变性集聚，鲍德温和马丁（Baldwin & Martin，2004）强调资本流动在集聚和增长中的重要性，增长可以导致渐变性集聚，集聚过程中可能同时存在企业从核心向外围的迁移，地方化技术溢出说明集聚有利于区域经济增长。

虽然大多数模型支持集聚对经济增长的正向作用，但也有持不同观点的。彭等（Peng，2006）通过构建一个垂直一体化的生产中间产品的两区域新古典增长模型，假定最终产品生产企业完全竞争并可以分布在任一区域，中间产品生产企业为垄断竞争并只能分布在一个区域，可自由流动的工人与不可流动的资本结合设计生产中间投入品，不可流动的工人用可贸易的中间产品生产不可贸易的最终产品，在这些假设条件下，集聚和经济增长不一定是正相关的，贸易也不一定会促进增长。

在关于集聚对经济增长的作用上，一种观点认为其关系并非简单的线性关系，可能是比较复杂的非线性关系。爱瑟特若（Acceteuro，2010）研究了通勤成本在集聚和增长中的作用，按照知识溢出和通勤成本的相互作用，把集聚对增长的影响分为 Krugman 形和钟形，在 Krugman 形情况下会导致稳态下持久的区域间收入不公和在转换动态下的收入趋异，而在钟形情况下存在核心区的扩张和外围区的强劲追赶效应。

也有研究不仅关注集聚的经济增长效应，而且考虑其区域福利影响。克拉尼奇（Kranich，2009）在经典的克鲁格曼（1991）模型上引入垂直生产差异化产品的非一体化的 R & D 部门，分析了在跨国要素流动背景下的科研人员流动（人才外流）的非稳态化效应，认为研发和制造业的集聚由于外部规模经济意味着更高的空间效率，集聚更有利于福利的帕累托改进，其政策含义是政府制定政策时应旨在促进集聚福利的最大化，按照 R & D 密度和比较利益来共同考虑区域专业化分工。

虽然理论分析表明集聚与增长存在内生相互促进关系，但理论解释往往侧重于某一方面的内在机理，缺乏比较统一的分析框架。比如在以劳动力、物质资本为纽带解释集聚与增长机制时，忽略了知识溢出效应；而以知识溢出为纽带的集聚与经济增长理论研究，以知识溢出全球化或地方化为前提，与现实的溢出情况有较大差距，并且忽视了劳动力和资本自由流动的因素。理论研究模型有较多的严格的假设，建立在特定的生产函数和消费函数基础上，使其只能解释特定地区的集聚和增长机理，影响其现实解释力的普适性。

（二）产业集聚与经济增长的经验研究

虽然理论研究对于集聚与增长相互促进比较能够达成共识，但却未能得到大量国家或区域层面的经验研究的证实，相关实证研究往往结论各异，并与理论研究存在差距。

大多数的经验研究支持集聚与经济增长是正向相互促进的过程。范和斯科特（Fan & Scott，2003）对东亚和中国的实证研究发现集聚和经济增长之间存在正向关联，制造业部门的集聚和生产率间也具有正向关系，尤其是对于市场化迅速推进的部门和区域，上述正向关系尤为显著。布若哈特和马西斯（Brülhart & Mathys，2008）用动态面板系统 GMM 估计技术研究了欧洲区域就业密度对劳动生产率的影响，发现劳动生产率的就业密度弹性达 13%，且集聚效应随时间变化具有增强的趋势，部门间的城市化效应正向作用于部门劳动生产率，但部门的自身就业密度对本部门劳动生产率具有负向拥挤效应，不过金融部门是个例外。

但也有的实证研究得出相反的结论，认为分散化有利于经济增长。斯博格米（Sbergami，2002）运用 1984—1995 年的欧洲五国面板数据，在巴罗的增长方程基础上加入区域集聚度变量，却发现经济活动分散化有利于经济增长，尤其是高技术产业的扩散有利于提高国家整体增长率。陈立泰和张祖妞（2010）用1995—2007年我国省际面板数据分析了服务业集聚与区域经济增长的关系，发现服务业集聚与经济增长负相关，原因在于服务业集聚的政府主导模式和其专业化效应大于多样化效应。

一种比较接近现实的观点是，集聚和经济增长之间并非简单的线性关系，而是存在动态变化的非线性关系。布若哈特和斯博格米（Brülhart & Sbergami，2009）用截面OLS估计和动态面板GMM估计，研究了1960—2000年世界105个国家集聚水平与经济增长率的关系，集聚水平用城市化份额和国家内部空间集中度指数（Theil指数）来测度，实证结果支持“威廉姆森假说”：集聚在早期会促进经济增长，发展到一定的阶段，拥挤效应显现对经济增长的效应会降低，这个临界点的人均GDP值为10000美元，大约相当于巴西和保加利亚的人均收入水平，以可预见的增长衡量，低收入国家为促进公平而阻碍经济集聚的政策具有很高的成本。产业集聚与经济增长的这种非线性关系，类似于收入不公和经济增长的“倒U型”关系。巴里奥斯和斯特罗布（Barrios & Strobl，2009）用半参数估计技术和欧洲国家区域层面的面板数据检验了经济增长和收入不公之间的“钟形曲线”假说，实证结论支持“钟形曲线”假说，即使改变样本区域和时间也得出同样具有较强显著性的结论。

有的实证研究则从影响经济增长的因素方面入手，通过研究产业集聚对研发、创新、FDI、企业区位选择等方面的影响，间接检验产业集聚对经济增长的作用。契舍和马莱茨基（Cheshire & Malecki，2004）认为要深入探索经济增长的源泉，就不能忽视空间因素，创新和研发活动总是集中在具有高技术的劳动力和机构（大学）的地区，劳动力供给与流动不仅与工资差异有关，还受到区域的发展环境等因素的影响。瓦尔加和沙尔克（Varga & Schalk，2004）的研究发现，相比国内与国际知识溢出，地方化知识溢出是区域技术变迁的重要因素，R&D支出的空间结构对区域经济增长具有重要影响。田童和伍（Tuan & Ng，2004）认为中国吸引FDI的分布及其动态演化，与中国的法制现代化和政策改革等制度变革过程密不可分，入世后，FDI的流动主要是在市场机制作用下流向具有集聚经济优势的沿海地区，进一步加剧FDI分布的空间不平衡状况。德弗罗等（Devereux，2007）的研究表明，企业在区位选择时更多地是考虑当地的产业结构以及可获取的集聚外部性大小，地方政府的招商引资的优惠措施对于企业区位选择的影响作用则相对甚微。

还有的研究试图从微观层面分析产业集聚对经济增长的影响。为检验规模经济和集聚外部性对经济增长的影响，保罗和西格尔（Paul & Siegel，1999）构建了具有微观基础的动态成本生产函数模型，用以区分外部性冲击、规模经济和投入替代，研究发现规模经济在美国制造业中普遍存在，成本节约和规模效应主要来自于可能由外在因素影响的内在投入，供给集聚效应大于需求集聚效应。

相对于理论研究，集聚与增长的实证研究进展相对不足，其中一个原因在于不能很好地处理集聚和经济增长内生性问题。不少实证研究是从侧面展开的，即研究集聚对生产率的影响。西科恩和霍尔（Ciccone & Hall，1996）以就业密度作为衡量集聚水平的工具变量，利用非线性工具变量估计检验美国各州集聚和劳动生产率的关系，发现美国劳动生产率对就业密度的弹性为6%，各州劳动生产率的差异一半以上可以由集聚因素解释。西科恩（2002）用同样的方法对欧洲五国进行了检验，也证明了就业密度对劳动生产率的正向促进作用，欧洲五国的劳动生产率对就业密度的弹性为4.5%。拉尔等（Lall，2004）按来源把集聚经济分为企业、产业和区域三类，研究了集聚经济对企业生产率的影响，产业部门间的集聚经济在来源和效应上都有明显差别，区际基础设施的改善可以提高企业的市场可达性从而有助于提高企业生产率，而企业生产区位选择在城市密集区的收益不能补偿成本。布罗尔斯玛和迪克（Broersma & Dijk，2008）研究了集聚效应和拥挤效应对荷兰劳动生产率的影响，发现劳动生产率的下降主要来自于核心区的全要素生产率的下降，其原因是交通堵塞等拥挤负效应超过了产业集聚正效应。

我国学者在对产业集聚的经济增长效应的实证研究中，大多得出了产业集聚正向促进区域经济增长的结论。陈建军和胡晨光（2008）借鉴新古典经济增长分析提出了垄断竞争增长的分析框架，运用向量误差修正模型和协整分析，研究了1978—2005年长三角次区域产业集聚的经济发展、技术进步和索罗剩余递增三类集聚效应，发现产业集聚可以改善区域居民生活水平、促进技术进步、增强区域产业竞争力，带来增长、产业结构升级和区域经济索罗剩余递增。钱水土和金娇（2010）以长三角16个地市2000—2007年的面板数据为基础，研究了金融结构、产业集聚与经济增长的关系，发现产业集聚与区域经济增长存在稳定的正相关关系，存（贷）款集中度和股市融资规模对区域经济增长都具有显著的正向作用。张望（2010）对1999—2007年中国31个省区数据的实证研究表明，产业集聚是经济增长最主要的原因，人力资本是影响产业集聚和经济增长的核心因素，政府公共服务对产业集聚与经济增长的作用有限，运输成本是影响产业集聚的关键因素且对经济增长的作用存在区域差异。

在产业集聚能促进区域生产率提高方面，结论也比较统一。范剑勇（2006）利用中国2004年地级城市和副省级城市数据，研究了产业集聚对劳动生产率的影响，发现非农产业劳动生产率对非农就业密度的弹性为8.8%左右，高于欧美国家5%左右的水平，劳动生产率的区域差异对地区差距产生了持久的影响。柴志贤和黄祖辉（2008）利用Malmquist指数测算了中国19个二位数行业的30个省份的全要素生产率、技术效率与技术进步指数，发现专业化更有利于促进行业技术效率提高，而不太有利于促进行业技术进步，多样化对一些行业的生产率有促进作用，竞争效应总体影响较弱。刘修岩（2009）基于中国2003—2006年的城市面板数据，通过就业密度、城市相对多样化水平和相对专业化水平等集聚经济因素对城市非农劳动生产率的影响进行了实证分析，研究发现城市的就业密度和相对专业化水平对其非农劳动生产率存在着显著的正向影响。孟祺（2010）研究了2001—2008年中国装备制造业的产业集聚对TFP的影响，发现产业集聚会通过技术进步和效率改善两个方面施加影响TFP。

产业集聚与经济增长实证研究结论难以取得一致的原因是多方面的，可能来自于样本选择和数据处理方面的问题，也可能来自于计量模型和变量选择的问题，以及计量模型估计方法的问题。由于产业集聚与区域经济增长是内生的，如何在计量模型估计上采用比较适合的工具变量，或者采用能够剔除内生性影响的估计方法，对估计结果的正确性影响很大。

第三节　研究框架

一　研究目的

本书的主要研究目的是：

首先，探寻中国区域经济增长差异的产业集聚方面的原因，为政府从宏观层面调控区域经济差距，以促进区域经济协调发展提供政策建议。导致我国区域经济增长差异的因素很多，本书主要从产业集聚的视角分析我国区域经济增长差异，分析产业集聚水平、产业集聚行业、产业集聚空间依赖等方面因素对我国区域经济增长差异的影响。

其次，发现中国产业集聚形成与演化的内在规律，为政府制定产业集聚相关政策提供参考。产业集聚形成与演化既有一定的偶然性，又具有一定的规律性。本书在运用一些指标实证测度我国产业集聚变动情况的基础上，从区域特征的角度分析我国产业集聚形成与演化的规律。

最后，发现我国省区层面的区域内部产业集聚与区域经济增长的长期变动关系，为区域经济可持续增长提供理论指导。基于地级市数据，测度省区内部产业集聚度的动态变动，研究产业集聚度与区域经济增长之间的长期动态关联。

二 研究内容

本书研究内容包括四个组成部分，由七章组成。

第一部分为绪论部分，即第一章的内容，主要介绍本书的选题意义、研究目的和内容、研究思路与方法等，并对相关研究文献进行综述。

第二部分为理论部分，即第二章的内容，引入一个整合了新经济地理和新经济增长理论的理论模型，说明集聚与经济增长是内生的相互促进的过程。结合中国区域经济增长差异与产业集聚的实际，提出了产业集聚形成与演化的区域特征假说，区域经济增长差异的产业集聚水平与产业集聚空间依赖因素假说，以及区域经济增长效率差异的产业集聚结构因素假说。

第三部分为本书的实证部分，包括第三、四、五章，分别对理论部分提出的四个方面的理论假说进行实证检验。第三章是对我国产业集聚形成演化的区域特征理论假说的实证检验。运用行业集中度、空间 Gini 系数、区位熵、Theil 指数、Krugman 专业化指数等指标，测度了改革开放以来我国各省区的产业集聚水平和区域专业化水平的动态变动情况。尤其是利用地级以上城市的就业数据，对各省产业内部集聚度用 Theil 指数进行了测算。以 Theil 指数作为被解释变量，以城市化、首位城市就业比重、市场潜力、市场化、基础设施、外贸依存度等区域特征变量作为解释变量，建立面板数据计量模型，实证检验我国产业集聚形成与演化的区域特征理论假说。

第四章是对中国区域经济增长差异的产业集聚水平及其空间依赖因素假说的实证检验。运用统计数据说明改革开放以来各省区经济增长存在显著的空间分异，表现为有的省份经济增长较快，有的省份经济增长较慢。分别运用σ收敛、β绝对收敛、β条件收敛、收入动态分布方法等对1978—2009年的各省区经济增长收敛进行实证研究。在巴罗长期增长模型的基础上，通过控制其他变量后检验区域内部产业集聚对区域经济增长的影响，在计量方法上采用动态面板系统GMM估计技术，检验其是否符合“威廉姆森假说”。在实证结果的基础上，进一步分析我国区域内部产业集聚与区域经济增长关联的动态规律性，检验其是否符合我们提出的阶段性假说：各区域所处的经济发展阶段各不相同，产业集聚水平存在较大区域差异，产业集聚的经济增长效应也应不同。

从理论上分析产业集聚空间依赖性的表现、形成原因及其对区域经济增长差异的影响。运用空间计量软件GeoDa，以产业集聚和区域经济增长进行了空间分布分析，以及局域和全域空间自相关分析。运用考虑空间自相关因素的空间滞后面板模型（SLPDM）估计和空间误差面板模型（SEPDM），以产业集聚对区域经济增长的影响进行了空间计量模型分析。在控制了其他影响区域经济增长的因素并考虑到空间自相关因素后，我们得到产业集聚对区域经济增长具有显著促进作用的结论。

第五章是对产业集聚结构与区域经济增长效率差异理论假说进行实证检验。通过分析说明区域间存在产业集聚类型与行业的差异，区域经济发展过程中产业结构的变动又必然引致区域集聚类型与行业的变化。基于产业集聚促进经济增长的外部性理论，利用1988—2009年的省区面板数据，使用随机前沿生产函数方法中效率估计的一步法，研究了产业集聚类型对于区域经济增长效率的影响。估计结果表明，在控制市场化改革、对外开放、工业化、城市化等其他影响效率变量的基础上，多样化、竞争性、区域通达性都是我国区域经济增长生产效率的重要环境变量，对于区域经济增长效率具有不同程度的正向促进作用。选取一些代表性行业，以劳均产出的对数作为被解释变量，以就业密度作为解释变量构建计量模型，运用动态面板系统GMM估计技术进行估计，发现不同部门和行业的就业密度的产出弹性的差异。

第四部分是总结部分，即第六章的内容，总结本书的主要工作和得出的主要结论，提出相应的政策建议，指出本研究进一步研究的方向。

三 研究思路框架

本书的基本研究思路框架见图 1－1。

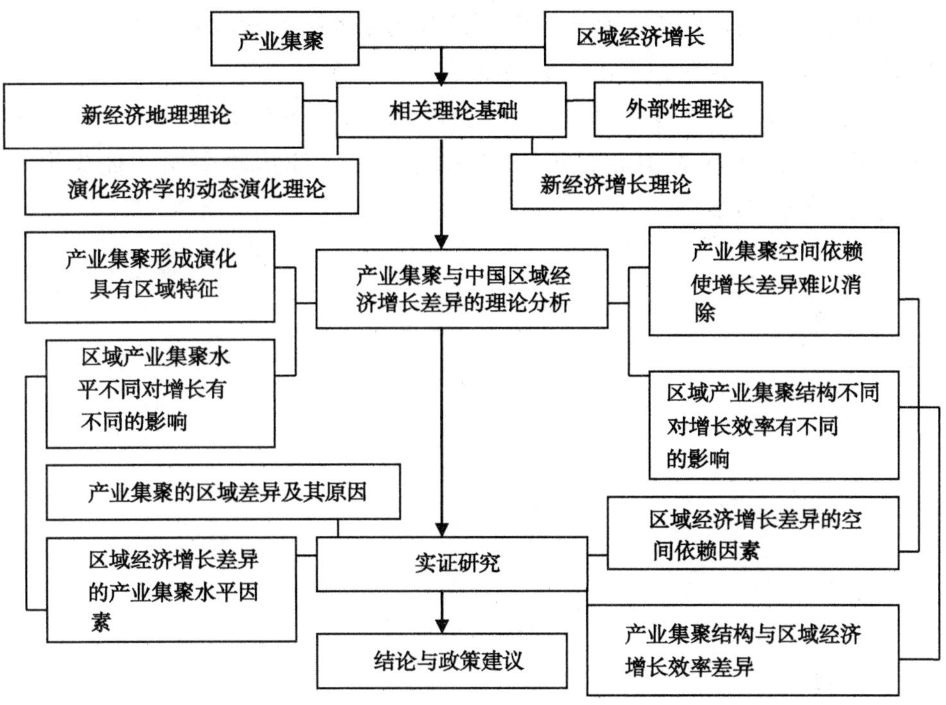

图 1－1 本书的研究框架

四 研究方法

本书主要运用区域经济学、产业经济学、空间经济学、新经济地理等学科的相关理论，对我国区域经济增长差异的产业集聚因素进行研究。研究中所采用的主要方法包括：

理论研究和实证研究相结合。在产业集聚与区域经济增长的内在作用机理分析上，结合相关理论，构建理论模型和提出理论假说。对于产业集聚对我国区域经济增长差异的影响则注重进行实证检验。

定性分析与定量分析相结合。根据研究内容的需要，结合进行定性分析和定量分析。

静态分析与动态分析相结合。对于理论模型和实证研究，都坚持静态分析与动态分析结合的方法。理论模型既分析静态均衡，也分析动态均衡。实证研究中既关注截面区域差异，更关注其长期时间序列演化的动态特征。

学科交叉研究与专业研究相结合。由于本研究牵涉众多学科的理论知识，具有鲜明的学科交叉特点，需要综合运用各相关学科的知识。同时研究必须坚持专业方向，突出区域经济学专业特色。

具体的研究方法是：运用现代统计与计量经济分析技术以及相关软件，如 Spss、Eviews、Rats、Stata、GeoDa 等，实证检验中国产业集聚对区域经济增长的影响。

第二章

产业集聚与中国区域经济增长差异理论分析

本章主要从理论上分析中国区域经济增长差异的产业集聚因素。首先，引入一个新增长和新经济地理相结合的模型，说明经济体中的增长和产业集聚是内生的相互促进的过程。其次，从中国的经济增长和产业集聚的实际出发，提出几个待检验理论假说，在以后各章将分别进行检验。这些理论假说包括产业集聚形成与演化的区域特征方面的原因假说，区域经济增长差异的产业集聚水平因素假说，区域经济增长差异的产业集聚空间依赖因素假说，以及区域经济增长效率差异的产业集聚结构因素假说。

第一节　产业集聚与区域经济增长理论模型

此处借鉴马丁和奥塔维亚诺（Martin & Ottaviano，2001）的模型，模型整合了新经济地理的区位分析和新增长理论的增长分析，较好地说明了集聚与经济增长内生的相互促进的过程。

一　模型假设

假设有两个初始水平一样的区域，区域 1 和区域 2。为便于区分，区域 2 的相关变量用上标 * 表示。

每个区域有内生的固定数量的劳动 L，劳动被假定在区域间具有非流动性，但可以从特定集聚途径获取。劳动可以生产相同或不同的商品，并假定所有商品都是最终消费品。商品可以加总为混合商品，混合商品可以作为创新部门的中间投入以增加新商品种类。

假定经济增长来自于产品种类的增加，也就是说新产品种类的发明是经济增长的源泉。为生产新的产品种类，必须先进行“蓝图”（blueprint）

研发。“蓝图”受到无限期专利权的保护且其初始所有权属于研发区域。专利经过注册，可以卖给两区域的任何购买者。创新和生产过程可以在不同区域的不同机构进行。假定在初始情况下区域具有相同的专利存量。

基于模型的对称性，主要对区域 1 进行具体说明（区域 2 的情况可以类比得到）。

（一）消费者行为

消费者偏好是瞬时嵌套固定替代弹性和跨期固定替代弹性，消费者效用函数可表示为：

$$U = \int_0^\infty \log[D(t)^\alpha Y(t)^{1-\alpha}] e^{-\rho t} dt \tag{2.1}$$

其中，Y 代表同种商品的消费，ρ 是时间偏好率，α 代表混合商品的消费份额，α 取值在 0 和 1 之间。根据迪克西特（Dixit）和斯蒂格利茨（Stiglitz，1977）的解释，混合商品 D 由一定数量的不同种类商品组成：

$$D(t) = [\sum_{i=1}^{N(t)} D_i(t)^{1-1/\sigma}]^{1/(1-1/\sigma)} \qquad \sigma > 1 \tag{2.2}$$

其中 N 代表经济体能够提供的不同商品种类的数目，σ 表示不同种类商品之间的替代弹性。

消费支出额 E 可以表示为：

$$E = \sum_{i=1}^{n} P_i D_i + \sum_{j=n+1}^{N} \tau P_j^* D_j + P_Y Y \tag{2.3}$$

其中，P_Y 是商品 Y 的价格，P_i 是第 i 种商品的价格，n 是区域 1 的商品种类数，总的商品种类数 $N = n + n^*$，n^* 是区域 2 的商品种类数，按照一般经济地理的做法引入交易成本的冰山成本理论，$\tau > 1$ 表示在其他区域购买商品中只有一部分被真正消费掉，假设在同种商品间不存在交易成本。

（二）生产者行为

在供给方面，模型假定生产者生产两类不同性质的产品，即同种类商品和不同种类商品。

假设同种类商品是由使用单一劳动要素投入的固定规模报酬的完全竞争部门企业生产的。不失一般性，为方便起见把投入需求设定为 1。假定经济体对于此类商品的需求很大以至于其不可能仅在一个区域生产，也就是保证在均衡中同种类商品需要在两个区域进行生产。在自由贸易条件下，两区域的工资率趋于一致，工资率用 ω 表示。此外，生产 Y 的单位投入需求假设使得在任何地方都有 $P_Y = \omega$。

不同种类的商品是被呈递增规模报酬的垄断竞争部门企业生产的。基于无成本差异化假设，每个企业都只生产一种商品。准确地说，一单位的每种商品的供给需要一种专利和一个单位的劳动。在这些假设条件下，价格最优化使得提供给生产者的价格 $P = P^* = \omega\beta\sigma/(\sigma-1)$。生产者的生产利润为收入减去劳动成本，即：

$$\pi = Px - \omega\beta x = \frac{\omega\beta x}{\sigma - 1} \tag{2.4}$$

x 为均衡中典型企业的最优产出（规模）。

（三）创新行为

模型把新产品种类的发明看作经济增长的源泉。作为发明新产品的创新部门，其生产创意可以专利化，并可以把专利卖给两个区域的需要专利的生产者，以便开始生产差异化产品。也可以这样解释，研究活动是在企业自身内部进行的，企业使用自己的发明成果开始新产品生产。他们可以自由选择在两个区域里的任何区域进行生产，然后重新分割利润。在这种解释中专利价值等于企业价值，资本市场替代了专利交易市场。

在专利交易和企业生产重新定位过程中不存在交易成本，创新部门是完全竞争的。创新过程需要一种由不同种类商品组成的不变替代弹性的混合商品和投入需求 ηN^{μ}，其中第二部分 N^{μ} 的含义是创新成本依赖于过去的创新数量 N，即存在学习曲线。创新部门虽然不直接雇佣劳动，但其使用的专门化产品需要劳动作为唯一的基本生产要素，所以是间接雇佣劳动。假定用于消费者消费的混合商品和作为创新部门投入的混合商品都是同样的，不管是用于消费者消费还是用于生产投入领域的商品贸易的交易成本都相同。在区域 1 发展一种新产品的成本可表示为 $F = \omega[\beta\sigma/(\sigma-1)][nz_i + n^*\tau z_j]$，其中 z_i 和 z_j 分别为区域 1 和区域 2 各自生产差异化产品的需求，研发者的问题是最小化成本，而其成本取决于投入需求约束。

$$\eta N^{\mu} = [nz_i^{1-1/\sigma} + n^* z_j^{1-1/\sigma}]^{1/(1-1/\sigma)} \tag{2.5}$$

对于区域 1 的单个创新者求解每种不同种类产品的需求，得到：

$$z_i = \eta N^{\mu}(n + n^*\delta)^{\sigma/(1-\sigma)} \qquad z_j = \eta N^{\mu}\tau^{-\sigma}(n + n^*\delta)^{\sigma/(1-\sigma)} \tag{2.6}$$

此处 $\delta \equiv \tau^{1-\sigma} \in (0, 1)$，创新的均衡成本为：

$$F = \frac{\omega\beta\sigma}{\sigma - 1}\eta N^{\mu} N^{1/(1-\sigma)}[\gamma + (1-\gamma)\delta]^{1/(1-\sigma)} \tag{2.7a}$$

其中，$\gamma = n/N$ 表示在区域 1 生产的不同产品种类数目占全部商品种类数目的份额，且 $\gamma \leqslant 1$。γ 是模型的关键变量，可以用来测度差异化产品部门在区域 1 的集聚程度。等式（2.7a）为模型引入了金融外部性。拥有较多地方企业的区域其创新成本较低，这是由于交易成本的出现，用于创新的固定替代弹性商品的加总所致。这是一种新经济地理里面所讲的“垂直关联”的例子。此外，对于一个给定的值 μ，用来测度为保持一定的增长所需的技术溢出的程度，新的差异化产品的发明会导致创新成本的降低，因为这些差异化产品被用作创新部门的专门化投入。

类似地，可以得到区域 2 的创新的均衡成本：

$$F^{*} = \frac{\omega\beta\sigma}{\sigma - 1}\eta N^{\mu} N^{1/(1-\sigma)}(1 - \gamma + \gamma\delta)^{1/(1-\sigma)} \tag{2.7b}$$

由于专利由完全竞争的创新部门生产，两区域间的专利贸易没有成本，在均衡情况下两区域用于创新的价格和成本也相同。这意味着只有在 $\gamma = 1/2$ 的情况下，创新才在两个区域平均分布，换言之，制造业部门在两区域平均分布。如果 $F < F^{*}$，则所有的创新集中在区域 1；反之，若 $F > F^{*}$，则所有的创新集中在区域 2。

二 均衡分析

假设存在一种单位利息率为 r 的安全资产，其市场特征是资金可以在两个区域自由流动。消费者跨期最优化暗含着消费增长率等于利息率和时间偏好率之差：$E' = E^{*\prime} = r - \rho$。

模型的稳态是满足以下条件的均衡：区域 1 的企业占所有区域企业的比例 γ 是固定的，产品种类数量按照一个固定的比率增长 $g = N'/N$。容易推出稳态时 E 和 E^{*} 是固定值，所以 $r = \rho$。此外，收入水平由 γ 的值决定，意味着模型稳态特征将完全取决于均衡区位参数 γ 和创新增长率 g。由于模型的完全对称性，模型至少拥有一个对称稳态，两个区域均从事创新活动，生产出的产品在两个区域间平均分割（$\gamma = 1/2$）。

如果经济增长，这将不是唯一的稳态，因为还存在两个其他的均衡，只有一个区域从事创新活动，（部分地）专门化于差异化产品的供给（$\gamma < 1/2$ 和 $\gamma > 1/2$）。

以下将展示两区域模型的稳态及其多样性，并将讨论集聚与经济增长之间相互影响是如何产生模型均衡的多样性的。

（一）经济地理是增长的函数

我们以寻找企业区位的均衡条件作为开始，考虑两种可能的结构：一种情况是创新活动在两个区域平均分割，另一种情况是所有的创新活动都集中在一个区域，比如区域 1。基于对称性，可以类似推出当所有创新活动都集中在区域 2 时的情况。均衡条件以稳态区位和增长率为特征。第一个条件是制造业部门市场出清的条件：如果创新集中在区域 1，条件意味着每种商品的供给等于需求（包含交易成本），需求来自于两个区域的消费者和区域 1 的创新活动。

$$x = \frac{\alpha L(\sigma - 1)}{\omega\beta\sigma}\left(\frac{E}{N[\gamma + 1(1 - \gamma)\delta]} + \frac{E^{*}\delta}{N(\delta\gamma + 1 - \gamma)}\right) + \frac{\sigma - 1}{\omega\beta\sigma}\frac{F\,N}{N[\gamma + (1 - \gamma)\delta]} \tag{2.8a}$$

$$x^{*} = \frac{\alpha L(\sigma - 1)}{\omega\beta\sigma}\left(\frac{E\delta}{N[\gamma + 1(1 - \gamma)\delta]} + \frac{E^{*}}{N(\delta\gamma + 1 - \gamma)}\right) + \frac{\sigma - 1}{\omega\beta\sigma}\frac{F\,N\delta}{N[\gamma + (1 - \gamma)\delta]} \tag{2.8b}$$

以上等式中，右端第一部分是满足效用最大化的消费者一般需求。第二部分来自于等式（2.6）所给出的创新活动产生的需求乘以每个时间单位的新发明数量（$\dot{N}$）。

对于两个区域都从事创新活动的均衡，需要在等式（2.8a）和（2.8b）中加入区域 2 的创新部门的需求，以上的供求相等条件变为：

$$x = \frac{\alpha L(\sigma - 1)}{\omega\beta\sigma}\left(\frac{E}{N[\gamma(\gamma(1 - \gamma)\delta)]} + \frac{E^{*}\delta}{N[(\delta + 1) - \gamma]}\right) + \frac{\sigma - 1}{2\omega\beta\sigma}\left(\frac{F\,\dot{N}}{N[\gamma(\gamma(1 - \gamma)\delta)]} + \frac{F\,\dot{N}\delta}{N[(1 - \gamma) + \gamma\delta]}\right) \tag{2.8c}$$

$$x^{*} = \frac{\alpha L(\sigma - 1)}{\omega\beta\sigma}\left(\frac{E\delta}{N[\gamma(\gamma(1 - \gamma)\delta)]} + \frac{E^{*}}{N[\delta + (1 - \gamma)]}\right) + \frac{\sigma - 1}{2\omega\beta\sigma}\left(\frac{F\,\dot{N}\delta}{N[\gamma(\gamma(1 - \gamma)\delta)]} + \frac{F\,\dot{N}}{N[(1 - \gamma) + \gamma\delta]}\right) \tag{2.8d}$$

稳态下的两个区域的企业经营利润相同，从而企业最优规模也相同，也即有 $x = x^*$。这种保证企业不愿重新定位的均衡条件，意味着当创新活动集中在区域1时可以通过解等式（2.8a）和（2.8b）得到 γ 值。

$$\gamma = \frac{\alpha L(E + E^*)[(1+\delta)\varepsilon - \delta] + gNF}{(1-\delta)[\alpha L(E+E^*) + gNF]} \qquad if \frac{\alpha L(E+E^*)}{2gNF} > \frac{\delta}{1-\delta} \tag{2.9a}$$

在其他情况下 $\gamma = 1$。ε 是区域1占全部消费的份额。如果创新活动在两个区域平均分割，企业区位由 γ 的值决定：

$$\gamma = \frac{\alpha L(E + E^*)[(1+\delta)\varepsilon - \delta] + (1-\delta)gN}{(1-\delta)[\alpha L(E+E^*) + 2gNF]} \tag{2.9b}$$

由于两个区域都是一样的，所以当 $\varepsilon = 1/2$ 时，$\gamma = 1/2$。在等式（2.9a）和（2.9b）中，$g = N'/N$ 代表经济增长率。由于两个区域消费增长率相同，区域1占全部消费额的份额 ε 固定，并完全取决于专利所有权在两个区域的地理分布情况。因为初始情况下两区域是一样的，以下文中均设定 $\varepsilon = 1/2$。等式（2.9a）表明在模型中存在前向关联，说明区域集聚程度随着增长而增加，这体现为自身创新部门的创新活动的增加。按照一般的解释，在递增回报部门的企业倾向于把区位选择在具有最高消费水平的区域。比较特殊的是，对于差异化产品的消费不仅来自于消费者，还来自于促进增长的部门。可以看到，当创新集中在一个区域，较高的增长率意味着较高的差异化产品需求，并促使企业向该地区集中：γ 随着 g 增长。特别地，如果创新所需的中间产品需求相对于消费者的最终需求而言足够大，企业将会向该地区集中。

制造业部门的创新活动不管在什么区位，企业规模均为：

$$x = \frac{\sigma - 1}{\omega\beta\sigma}\left(\alpha L \frac{E + E^*}{N} + Fg\right) \tag{2.10}$$

根据以上分析，我们已经发现了两个可能的均衡区位：一种情况是当所有创新活动都集中在区域1时由等式（2.9a）所表示的均衡；另一种均衡由等式（2.9b）给出，是当所有创新活动和生产活动均在两个区域平均分割下的情况。

（二）增长是经济地理的函数

我们现在转向考虑跨期均衡问题。用 ν 表示专利价值，在专利和安全资产间没有套利机会的情况下，存在：

$$r = \frac{\dot{v}}{v} + \frac{\pi}{v} \tag{2.11}$$

这表示，对于专利价值的投资，回报等于经营利润加上专利价值的变化。这个条件也可以这样导出，专利的均衡值是企业的未来利润的贴现值，这些企业用利润购买专利并拥有相关差异产品生产的永久垄断能力。由于专利价格等于边际成本，以及创新部门的自由进入和零利润，$\nu = F$ 是另一个均衡条件。

为保证稳态的增长路径，必须使金融外部性和技术溢出程度达到一定的程度，使创新成本递减的速度等于购买专利的企业利润降低的速度。这就为企业从事创新活动提供了持续的内在动力。F 会随着企业规模 x 以一个同样的速度 g 递减，由于消费支出是固定的［等式（2.9）和（2.10）］，企业利润以同样的速度递减。在内生增长模型中，参数 μ 用来衡量经济持续增长和私有投资决定所需要的技术溢出水平。经济体存在一个固定的增长率 $\mu \equiv (\sigma - 2) / (1 - \sigma)$，也就是说，在技术溢出的情况下，创新成本依赖于过去的创新。如果 $\sigma > 2$，就存在正向技术溢出，过去的创新降低了创新成本。在这种情况下，由于差异化产品成为较好的替代，金融外部性相对弱化。相反，如果 σ 介于 1 和 2 之间，就存在负向的技术溢出，此时较强的金融外部性弥补了负向技术溢出。有一种特例情况是不需要跨期技术溢出就能产生持续增长，比如在上述情况中只需要金融外部性足够强即可。当 $\sigma = 2$ 时模型将产生一种特性，新的产品种类增加所产生的创新的成本节约足以弥补差异化产品市场竞争带来的利润减少。

如果放松模型的限制条件 $\mu \equiv (\sigma - 2) / (1 - \sigma)$，模型将会产生随时间推移呈地方化递增或递减的增长率。限制条件的引入极大地简化了模型的求解。也就是说，创新的成本可以表示为：

$$F = \omega \frac{\beta\sigma}{\sigma - 1} \eta N^{-1} [\gamma + (1 - \gamma)\delta]^{1/(1-\sigma)} \tag{2.12}$$

由于 γ 和 ω 在模型稳态中是常数，FN 也是常数，所以有 $\dot{\nu}/\nu = \dot{F}/F = -\dot{N}/N = -g$。稳态时的消费支出也是固定的［见等式（2.9a）］，利息率 r 等于时间偏好率 ρ。基于此，联系等式（2.4）、（2.10）和（2.11），可以得到：

$$g = \frac{\alpha}{\sigma - 1} \frac{L(E + E^*)}{FN} - \rho \frac{\sigma}{\sigma - 1} \tag{2.13}$$

现在考虑到劳动市场出清条件，劳动者或者被雇用在固定回报部门，或者在递增回报部门。

$$2L = \frac{(1-\alpha)L(E+E^*)}{\omega} + \beta Nx \qquad (2.14a)$$

这里我们使用了 $P_Y = \omega$。把等式（2.10）中的 x 代入，等式（2.14a）可以变形为：

$$E + E^* = 2\frac{\omega\sigma}{\sigma-\alpha} - \frac{\sigma-1}{\sigma-\alpha}\frac{gNF}{L} \qquad (2.14b)$$

当创新都集中在区域 1 时，我们可以结合等式（2.12）、（2.13）和（2.14b）发现均衡增长率，该增长率是可以仅用 γ 表示的函数式。

$$g = \frac{2\alpha L}{\eta\beta\sigma}[\gamma + \delta(1-\gamma)]^{1/(\sigma-1)} - \rho\frac{\sigma-\alpha}{\sigma-1} \qquad (2.15)$$

上式说明当创新全部集中在区域 1 时模型存在后向关联。经济活动集中度的提高降低了创新成本（因为在两个区域间存在交易成本），促使新的研究者进入创新部门直到部门利润回归到零，这进一步提高了创新率。对于对称均衡的情况同样可以由等式（2.15）表示，只需把 γ 值用 1/2 代替。

为完成模型求解，必须解得全部消费者支出。把等式（2.13）和（2.14b）加总得到：

$$E + E^* = 2\omega + \rho\frac{FN}{L} \qquad (2.16)$$

等式右边第一项是工资收入，第二项是初始专利存量的价值，之所以加入此项是因为在初始专利存量上的利润积累只有纯租金形式。或者可以把 ρ 看成财富 FN/L 的消费倾向。

如果区域 1 集中了所有创新活动，其名义 GDP 按照一般的定义由三部门增加值加总而成，即 $GDP_1 = \omega L + \gamma\omega\beta xN/(\sigma-1)$。这高于区域 2 的名义 GDP，$GDP_2 = \omega L + (1-\gamma)\omega\beta xN/(\sigma-1)$。只要满足 $\gamma > 1/2$ 就会出现这种情况。这是因为区域 1 比区域 2 生产了更多的差异化产品和更少的固定报酬产品。

然而这不是唯一的均衡。由于在两个区域间存在交易成本（等式（2.12）），如果一个区域有较多生产差异化产品的企业，则其创新投入成本会比较低。创新部门是完全竞争部门，且作为其产品的专利，是可以在两个区域间自由贸易的，所以这个区域将会集中所有创新活动，另一个区域将会停止创新活动。在这种情况下，区位均衡不再是 $\gamma=1/2$，而是由等式（2.9a）给出的 $\gamma>1/2$。运用等式（2.12）和（2.16），我们可以把（2.9a）的均衡区位等式重写为：

$$g=\frac{(1-\delta)(2\gamma-1)\alpha}{1-(1-\delta)\gamma}\left\{\frac{\sigma-1}{\eta\beta\sigma}[\gamma+(1-\gamma)\delta]^{1/(\sigma-1)}+\frac{\rho}{2L}\right\} \tag{2.17}$$

如果 $\gamma\in$（1/2，1）和 $\gamma=1$，则是另外的情况。

同时满足等式（2.15）和（2.17）的 g 值和 $\gamma\in$（1/2，1］是模型的稳态解。等式（2.15）描述激励因素是如何促进创新以及增长率是如何依赖于产业区位的。等式（2.17）则给出了企业区位与增长率之间的关系。由于 γ 的非线性特征，可以和增长率一起构建企业生产区位函数。由于可以进行解析检验，若 $\gamma\in$（1/2，1］，当两个曲线都把 g 作为 γ 的递增函数时，等式（2.17）表示的曲线要比等式（2.15）表示的曲线更加陡峭。因此，如果两个曲线在 $g>0$ 和 $\gamma\in$（1/2，1］条件下交叉，最多只有一个交点。

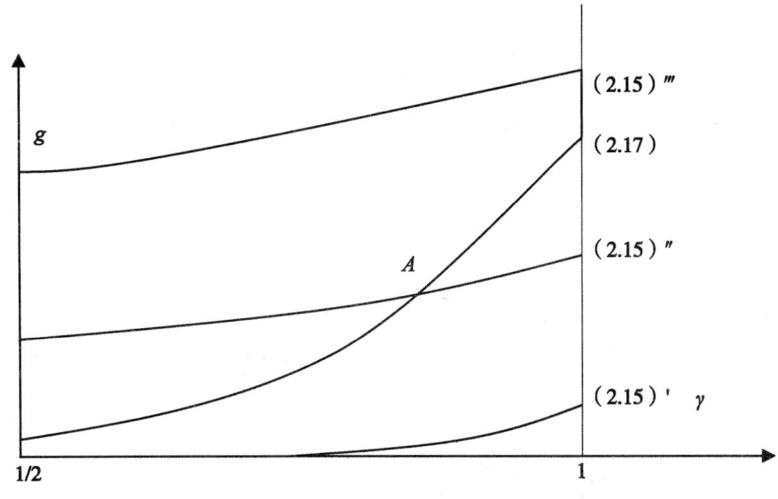

图 2－1　稳态分析

为分析可能的稳态结构，可以参照图 2－1，图中绘制了在 $g>0$ 和 $\gamma\in$（1/2，1］条件下等式（2.15）和（2.17）的图形。较为陡峭的图形（2.17）在 $\gamma=1$ 时变得垂直。上标斜撇曲线代表了（2.15）的三种可能的变换位置，显示有三种可能的稳态结构。第一种结构曲线（2.15）在任何位置都处于曲线（2.17）之下，也就是图形中（2.15）′所示的情形，不管 γ 取何值，增长都不能为正。因此，模型的唯一稳态是 $g=0$ 条件下等式（2.9a）和（2.9b）所隐含的情况，此时 $(\gamma, g) = (1/2, 0)$。第二种结构，也就是对应于图形中（2.15）″的情况下，曲线（2.15）和（2.17）在 $\gamma \in (1/2, 1)$ 交叉，不管 γ 取何值增长总是正的，模型存在三个稳态，一个在 $\gamma = 1/2$ 时，两个各自在 $\gamma \in (0, 1/2)$ 和 $\gamma \in (1/2, 1)$（部分集聚）。基于模型的对称性，后两个稳态相对于 $\gamma = 1/2$ 对称，后者在图中以点 A 表示。第三种结构，对应于图形中（2.15）‴表示的情形，曲线（2.15）和（2.17）交叉于 $\gamma = 1$，在这种情况下增长为正，模型有三个稳态，分别是当 $\gamma = 1/2$、$\gamma = 0$ 和 $\gamma = 1$ 时（完全集聚）。

不同结构的产生依赖于参数值的变化。特别地，可以验证当 $\delta \leqslant \delta_1$ 时第一种结构发生，当 $\delta_1 < \delta < \delta_2$ 时第二种结构发生，当 $\delta \geqslant \delta_2$ 时第三种结构发生。门槛值 δ_1 和 δ_2 被定义为：

$$\delta_1 \equiv 2\left[\frac{\rho\eta\beta\sigma(\sigma - \alpha)}{2\alpha L(\sigma - 1)}\right]^{\sigma - 1} - 1 \tag{2.18}$$

$$\delta_2 \equiv \frac{\alpha(\sigma - 1)[2L(\sigma - 1) + \rho\eta\beta\sigma]}{2\alpha L(\sigma^2 - 1) + \rho\eta\beta\sigma[\sigma(1 - \alpha) + \sigma - \alpha]} \tag{2.19}$$

在此也要注意，对于任意水平的交易成本 τ，当两个区域相同且增长率为0，存在唯一稳态均衡的充分条件是：

$$2\alpha L(\sigma - 1) - \rho\eta\beta\sigma(\sigma - \alpha) \leqslant 0 \tag{2.20}$$

因为这些参数，等式（2.15）所表示的增长率不可能为正。说明如果创新激励不足则经济增长为0，在这种情况下，劳动贡献（$2L$）和消费在差异化产品生产部门的份额（α）较小，创新的边际成本 η、时间偏好率 ρ、替代弹性 σ 较大。

三　均衡稳定性分析

此部分将侧重于分析当两个区域初始状态相同的情况下，一个区域是如何成为生产与创新活动的主要中心的，以及产业集聚的出现是如何促进经济增长的。并将说明当经济增长为正时，两个区域保持同质状态是不稳定的。

均衡稳定性研究参考格罗斯曼（Grossman）和赫尔普曼（Helpman，1991）的研究。特别地，我们认为，与 $\gamma = 1/2$ 相联系的对称稳态是不稳定的，这种情况下不管什么时候均衡增长率均是正的；除非经济体从 $\gamma=1/2$ 开始并永远停留在此水平上，唯一符合理性预期的路径是随机跃迁到其中的一个稳态，此时 $\gamma\in[0,1/2)$ 和 $\gamma\in(1/2,1]$。

首先，对称均衡是不稳定的，因为它不可能沿着任何轨迹达到。正如前面等式（2.7b）所示，由于两个区域的工资相同，只有在初始状态拥有较多企业的区域才会有较为活跃的创新活动。因此，除非两个区域在初始状态具有相同数量的企业，相同的工资变动轨迹必将使其到达稳态，稳态下创新都集中在一个区域，而且这个区域相对专业化于差异化产品的生产。

其次，当经济体不是开始于对称稳态，就只有两种其他均衡使得创新活动集中在一个区域，并在这个区域集中差异化产品的生产部门。

在资本自由流动情况下，跨期效用最大化要求 $\overline{E}=\overline{E}^*=r-\rho$，意思是两个区域的支出增长率相同。这就是说总支出 $E+E^*$ 也是以同样的速度增长；也即 $d\ln(E+E^*)/dt=r-\rho$。所以，给定 $d\ln(E+E^*)/dt=0$ 和 $r=\rho$，我们的支出选择前提条件是使支出固定在 $E+E^*=1$。

再次，定义一个新的变量 V，把其看作是专利存量名义价值的倒数，$V\equiv1/vN=1/FN$，所以 $\overline{V}=-\overline{V}-g$。结合 $E+E^*=1$ 和 $r=\rho$，使我们可用等式（2.4）和（2.10）来重新改写无套利条件：

$$\overline{V}=\frac{\alpha}{\sigma}V-\frac{\sigma-1}{\sigma}g-\rho \tag{2.21}$$

最后，重新回到资源约束条件（2.14b），基于 V 的定义和基准的选择，我们可以用等式（2.9a）和（2.12）重写（2.14b）：

$$\begin{aligned}&\frac{2L(\sigma-1)}{\beta\eta}\left(\frac{1+\delta}{2}\right)^{1/(\sigma-1)}\left(\frac{\alpha V+2g}{\alpha V+g}\right)^{1/(\sigma-1)}\\&=(\sigma-\alpha)V+(\sigma-1)g \qquad if\ V>2\delta g/[\alpha(1-\delta)]\\&\frac{2L(\sigma-1)}{\beta\eta}=(\sigma-\alpha)V+(\sigma-1)g \qquad if\ V\leqslant 2\delta g/[\alpha(1-\delta)]\end{aligned} \tag{2.22}$$

对于 $\gamma\in(1/2,1)$ 和 $V>2\delta g/[\alpha(1-\delta)]$ 情况由等式（2.9a）给出，在其他情况下 $\gamma=1$。特别地，当我们沿着（2.22）移动纵轴和射线 $V=2\delta g/[\alpha(1-\delta)]$ 的交叉点，γ 从 1/2 增大到 1。与所预期一致，集聚与增长是正相关的关系。

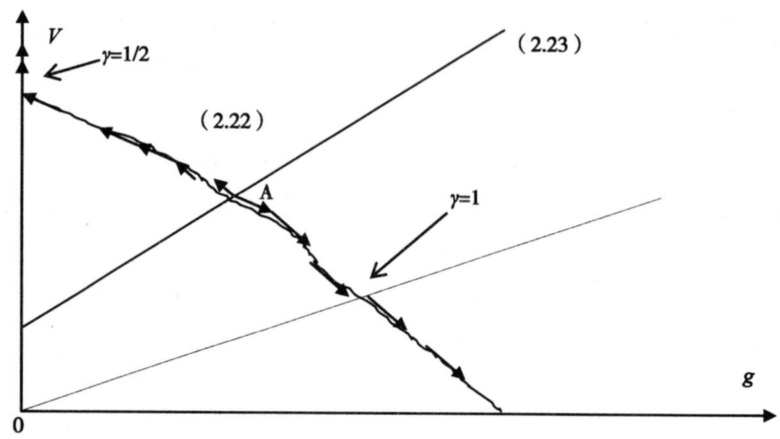

图 2－2 稳定性分析

下面利用图 2－2 进行均衡动态的图形分析。图形描绘了三条曲线。一条向下倾斜的曲线（2.22），由于它代表了使用资源和空间配置的约束，方程必须在任何情况下得到满足。增长率 g 越高，创新部门雇用的劳动力越多，相反，劳动对生产的贡献越小。较低的产出水平势必产生较高的价格、工资水平、较高的专利价值，以及较小的专利存量逆值。固定向上倾斜的曲线描述的是经济进入稳态时的替代混合点（g，V），也即 $\bar{V}=\bar{v}-g=0$，

$$V=\frac{\sigma-1}{\alpha}g+\frac{\sigma}{\alpha}\rho \tag{2.23}$$

沿着曲线（2.23）典型专利价值的降低速度等于创新率。曲线（2.23）为正的斜率可以这样理解，把等式（2.4）和（2.10）代入（2.11），总体专利存量 $1/V$ 越小，典型专利价值的下降速度越快。曲线（2.23）以下商品种类数量增长速度比典型企业价值下降得更快，所以导致 V 下降。曲线（2.23）以上情况相反。也就是在图 2－2 中沿着曲线（2.22）箭头走向所示的情形。最后向上倾斜的虚线代表 $V=2\delta g/[\alpha(1-\delta)]$。此线上的点及其以下的点对应的 $\gamma=1$。

图 2－2 是在参数取值 $\delta_1<\delta<\delta_2$ 的情况下绘制的，当 $g>0$ 和 $\gamma\in(1/2,1)$ 时曲线（2.22）和（2.23）相交于 A 点。曲线（2.22）和（2.23）的交点是经济体的动态作用力 g 和 V 不再变化的一点。换句话说，经济体达到这一点，创新将会以一个固定的速度持续，资源在部门间的配置与企业的地理分布都将保持不变。正如格罗斯曼和赫尔普曼

（1991）所宣称的，只有经济迅速跃迁到此稳态才符合预期。如果初始预期使得点（g，V）不同于 A 点，它们将不会符合预期。长期而言，任何不同于 A 点的初始预期将会引导经济朝向 $g=0$ 或者 $V=0$。第一种情况，N 将会最终停止在一个有限值而 V 的增长将不受限制。相对于有限的 N，V 将会无限增长，除非典型种类的价值为零和利润同时趋向于零。但对于有限的 N 利润将不会趋于零，因此对 $g=0$ 的预期是符合理性的预期。在第二种情况，创新的增长率 g 将会达到最大值。只要 v 保持低于未来利润的折现价值，新产品将会不断地被发明出来。但这只有在 V 维持严格的正值的情况下才可能发生，因而预测 $V=0$ 将符合理性预期。

我们现在准备进行稳定性和稳态的混合分析。基于图 2－1，图 2－3 描述了在 $\delta_1<\delta<\delta_2$ 的情况下的曲线（2.15）和（2.17）。图 2－3 描述了集聚和经济增长相互促进的情况。

在一个两区域均质化的初始世界情形，一个小的扰动将会导致较高的增长和较高的集聚。原因是这种扰动增加了区域 1 的支出份额，引致一些企业从区域 2 迁移到区域 1。这引发所有的创新活动向区域 1 集中，因为此地的创新成本相对较低。这又会吸引更多的企业向区域 1 迁移，进一步降低了创新成本，部门扩张活动吸引更多的企业的集聚，直到创新部门没有利润以及两区域的制造业部门利润均等化。正如稳态分析所显示的，循环累积因果过程是随机发生的：企业流动不存在成本，所以北方企业的份额 γ 能够随机变化，模型不存在过渡动态。我们可以把集聚机制解释为作为创新与生产中心的产业集群的突然出现。硅谷的例子也说明集聚和技术进步是相互促进的。更一般地说，这是与经济增长率和空间集聚度的快速增加相一致的过程。

均衡的一个重要特征是，虽然集聚发生在区域 1，稳态均衡描述了一些生产设备向区域 2 的不断再配置过程。这是因为新的经济活动不断地在区域 1 而非区域 2 建立。总之，当 $\gamma<1$ 时，一些在区域 1 的企业（$1-\gamma$），将会去没有新的地方竞争者产生的区域 2 生产。因此，与经济活动从外围向中心集中的静态经济地理模型相反，此模型描述的情形是，虽然中心集中了更多的经济活动，生产活动的再配置动态形成从中心向外围的扩散。这是对现实世界更加真实的描述。之所以会得出这样的结论，是由于在新经济地理模型中纳入了内生资本积累和资本自由流动。在新地理模型中，由于缺乏资本自由流动导致其产生极端中心外围结果。在此模

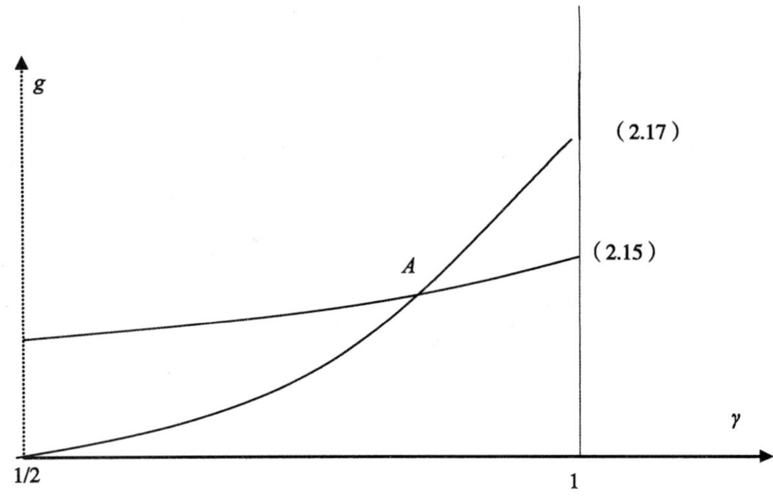

图 2－3　集聚与经济增长

型里，资本（专利或企业自身）的自由流动是在增长模型中所熟知的一种稳定力量。

需注意的是，虽然生产和创新地理相互对应（更多的企业集中在创新较多的地区），但并非总是完全对应（只要 $\delta < \delta_2$，生产活动就并非完全像创新活动那样集中）。这主要看模型中向心力和离心力的作用力大小的对比情况。向心力依赖于生产与创新之间的垂直关联：前向关联是需求关联，后向关联是成本关联。还有一种向心力来自于增长和地理之间的相互作用。离心力则是不可流动的消费者的地方化的需求。由于在集聚过程中增长和产业集中的增加，由于差异化产品不同种类间的竞争趋于激烈使现有的专利价值降低，当地理集中和增长增加时，来自于初始专利存量的部分收入就会降低，这可以从等式（2. 16）所表示的均衡支出看出。因此，由于消费者的收入和支出水平的负效应，技术创新率的增加提高了两个区域间的市场规模差异程度，从而更加强化了集聚机制。

以下讨论当一些或全部机构从一个区域迁移到另一个区域会发生什么事情。区域 1 的价格指数低于区域 2 的价格指数，这是由于更多的企业在区域 1 而非区域 2 生产，所以区域 1 可以以零交易成本购买到更多的商品。这意味着在我们的分析框架里流动工人愿意向区域 1 集中，因为在区域 1 的实际工资较高（由于工资和利润相等名义收入相等），这就强化了集聚过程，因为企业愿意向消费者比较集中的区域 1 集中。在这种情况下，由于更多的企业迁移到区域 1，创新成本降低；由于更多的工人流入区域 1 而促进了经济增长。

集聚和增长机制只有从一个增长率为零的状态才开始起作用。当 $\delta \leqslant \delta_1$ 时，经济体停止增长（$g = 0$）。集聚背后的机制消失，对称区域（$\gamma = 1/2$）的产出是唯一的稳态。然而，假设经济体从一个停滞（零增长）和同质化区域的状态开始，参数的变化导致经济体开始增长。例如，假设市场规模 L 增加，在这种情况下，由于企业用于购买专利的经营利润增加，创新激励增加，创新部门开始运行，$\gamma = 1/2$ 的均衡就不再是稳定均衡，任何小的扰动都会导致集聚过程的发生，并强化增长过程。这里描绘了一个经济体开始增长，作为创新中心的产业集群也同时出现的情况。增长率和产业地理集中度的增加是同时产生并相互促进的。这再次说明了增长率的快速增长伴随着空间集聚度的提高。

第二节　中国产业集聚与区域经济增长差异理论假说

根据以上产业集聚和经济增长内生相互促进理论模型，结合改革开放以来我国产业集聚和区域经济增长差异的具体现实，我们提出以下四个方面的理论假说。

一　产业集聚形成与演化的区域特征

改革开放以来，在经济快速增长的同时，我国产业发展水平不断提高，制造业在世界上的竞争力不断增强，与此同时，产业集聚水平也不断地提高。

我国产业集聚存在明显的区域差异，不同区域产业集聚度不同，集聚的产业部门和行业也不同。比如，东部沿海地区产业集聚度明显高于中西部地区，且其集聚的产业内容也有很大差别。基于经济增长和产业集聚内生相互促进理论，我们认为，这种产业集聚的区域差异是导致区域经济增长差异的一个重要原因。因此，要从根本上缩小区域经济差距，促进区域经济协调发展，就必须从产业集聚方面寻找解决途径。

对于产业集聚形成与演化的原因，新古典贸易理论、新贸易理论和新经济地理学等学科分别从外部性、规模经济、市场潜力、分工与专业化等不同的角度进行了解释。产业之所以在某些区域集聚，固然有新经济地理学所宣称的随机性和偶然性因素，但也有其必然性。我们的观点是：不同区域的产业集聚形成与演化与区域本身的特征有密切关系，不同区域的区域特征不仅表现为市场潜力、交通基础设施、城市化、首位城市就业比重等方面的差异，还表现为改革开放过程中不同的市场化程度和外贸依存度等方面的差异。

基于以上分析，本书提出以下理论假说：

假说1 我国产业集聚形成与演化具有其内在规律性，与不同区域的区域特征存在紧密关联。

二 产业集聚水平与区域经济增长差异

由于幅员辽阔，各地区存在较大的发展条件差异，导致我国长期以来存在较大的区域经济差异，这种发展差距表现在增长方面就是区域经济增长差异。区域经济增长是趋于收敛还是发散的问题上，新古典经济增长理论和新增长理论存在争议。而中国区域经济增长的实践表明，区域经济差距很难自动缩小，区域经济增长差异也将长期存在。

产业集聚对于经济增长的促进作用不仅在理论上成立，而且为区域经济发展的实践所证实。产业集聚水平的提高，能够更好地发挥外部经济（规模经济与范围经济）效应，有利于提高区域产业竞争力，促进创新并提高生产率，从而促进区域经济增长。在产业集聚与区域经济增长关系上有比较著名的“威廉姆森假说”：集聚在早期会促进经济增长，发展到一定阶段拥挤效应显现，对经济增长的效应会降低。由于我国经济发展存在较大的区域差异，各区域所处的经济发展阶段各不相同，产业集聚水平存在较大区域差异，产业集聚的经济增长效应也应不同。因此，我们提出集聚的增长效应的阶段性假说。从整体上而言，我国产业集聚水平的不断提高，有利于促进经济增长，但对于处在不同发展阶段的不同区域，集聚的经济增长效应有较大差异。

基于以上分析，我们提出以下理论假说：

假说2 产业集聚水平的区域差异是导致中国区域经济增长差异的重要因素。

三 产业集聚的空间依赖与区域经济增长差异

按照新经济地理的解释，产业集聚的形成具有偶然性，但产业集聚一旦在某些地区形成，便会形成“锁定”效应，不断吸引新的企业加入，在循环累积因果作用下不断壮大集聚规模。企业向产业集聚区集中，可以共享劳动力、技术信息等，获得金融外部性、技术外部性等好处，加之存在较大的固定资产迁移成本，所以企业一旦在某个产业集聚区落户扎根，就不愿再往外迁移。也就是说，产业集聚具有本地根植性，从而构成产业集聚的空间依赖。

产业集聚的空间依赖性的存在，制约了正常的产业转移，不利于缩小区域经济差距和实现区域经济协调发展。我们认为，产业集聚空间依赖因素是导致我国区域经济增长差异的重要因素。

基于以上分析，提出以下理论假说：

假说3　产业集聚的空间依赖性是导致中国区域经济增长差异的重要影响因素。

四　产业集聚结构与区域经济增长效率差异

不同区域由于所处的经济发展阶段不同，具有不同的产业结构特征。从产业集聚的角度来看，表现为集聚的类型与行业的差异上。比如不同区域产业集聚的专业化和多样化程度不同，而且发达地区集聚行业多以知识技术密集型产业和资金密集型产业为主，而欠发达地区则多以资源密集型产业和劳动密集型产业为主。区域产业结构是一个发展演变的过程，表现为产业结构的高级化和合理化，这就导致各区域产业集聚的类型与行业也呈现出动态变动的特点。

按照集聚促进经济增长的外部性理论，集聚有利于促进知识溢出从而产生动态外部性，而不同的产业集聚类型所带来的外部性效果也应不同，因而对区域经济增长效率的影响也会不同。

由于不同产业在生产技术、生产效率、利润率等方面存在差别，对区域经济增长的贡献有大有小，会表现为不同的区域经济增长效应。不同行业集聚后产生的动态外部性和促进创新的效应不同，比如高技术产业的集聚增长效应会大于传统产业，这是由于高技术产业的集聚更有利于发挥技术外溢的集聚优势，更能提高创新效率，所以不同产业集聚后所带来的产出效率也会存在较大的差异。

基于以上分析，提出以下理论假说：

假说4　产业集聚结构的区域差异是导致我国区域经济增长效率差异的重要因素。

第三章

中国产业集聚的区域差异及其动态演化

第一节　引言

产业在空间上的分布往往不是均质的，而是在某些地区集中分布，呈现出“块状集聚”的特征。不管是传统产业还是高新技术产业都存在集聚现象，这种现象在国外比较发达的国家或地区尤为突出，比如瑞士的钟表业、意大利的皮鞋业、美国硅谷和印度班加罗尔的信息产业、英国苏格兰科技园区等。国内的产业集聚现象在广东、浙江、江苏、福建、山东等沿海地区比较集中，比如义乌的小商品城、永康的小五金、北京中关村的高科技产业等。产业的空间集聚，一方面来自于产业的本地根植性，比如资源导向型产业的分布依赖于当地的资源，高科技型产业的分布则依赖于当地发达的科技与人才实力，由于企业固定资产投入很大、搬迁成本高，使得企业具有本地根植性的意愿；另一方面产业的空间集聚还源于产业间的关联效应，相关产业在空间上的集聚可以大大节约交易成本，并且可以共享基础设施、劳动力池等，产业间关联形成的产业集群效应使得产业集聚形成自我强化的内在机制，像滚雪球一样吸引新的企业加入，不断壮大产业集聚的规模。

不同区域由于产业经济发展基础有所不同，在产业发展的自然资源禀赋、资金、技术、人才等方面存在差异，所主要发展的产业具有区域差异性，表现在集聚的产业也具有差异性。比如我国东部沿海地区经济发达，具有较高的技术水平和人才优势，可以集聚价值链高端的知识技术密集型产业；而中西部地区由于经济基础较为薄弱，缺乏资金、技术、人才，集聚的产业多为资源密集型产业，产品附加价值比较低。而这种产业集聚的区域差异，是导致我国区域经济差距难以消除的重要因素之一。随着区域经济增长的加快，东部地区和中西部地区的经济增长和产业集聚差距也在扩大之中。东部地区依靠吸引大量外资，产业集聚的速度加快，产业集聚的规模不断扩大，而中西部地区则产业集聚速度缓慢，产业集聚规模难以提高。

产业集聚的区域差异包括产业集聚水平的区域差异和产业集聚结构的区域差异两个方面。产业集聚水平主要是从集聚度上对产业集聚进行度量，而产业集聚结构则侧重于考察产业集聚的类型与行业。本章主要对我国产业集聚水平和产业集聚结构的区域差异及其变动进行研究，并探寻产业集聚形成与演化的内在动因。

第二节　产业集聚的测度方法

产业集聚一直是学界关注的热点问题，其中对产业集聚测度的研究是产业集聚研究的一个重要方面，产生了不少测度方法。对产业集聚的测度最基本的是产值或就业份额，在此基础上又派生了许多其他的测度指标。

一　产业集聚水平的测度方法

（一）行业集中度（CR_n）

行业集中度（Concentration Ratio）是产业集聚测度指标中最简单、最常用的一类指标，一般用规模最大的几个地区就业人数、产值或销售额等占整个行业的份额来度量。

行业集中度的计算公式是：

$$CR_n = \sum_{i=1}^{n} A_i / \sum_{i=1}^{N} A_i \tag{3.1}$$

上式中 CR_n 代表行业集中度，A_i 代表产业 A 中排名前 n 的产业就业人数、销售额等。

行业集中度指标虽然具有直观简便的特点，但由于指标中地区个数 n 的设定具有主观性，计算结果受所选择的 n 值影响较大。而且集中度只是反映了该行业中最大的 n 个地区总体份额，无法反映地区间的差别。

（二）空间 Gini 系数

空间 Gini 系数是由洛仑兹曲线发展而来的，用来反映产业经济活动在地理空间上分布均匀程度的指标。洛仑兹曲线最初用来反映一个国家或地区的收入分布状况，后来的学者把其运用到产业分布状况的考察上。产业洛仑兹曲线通常表现为一条下凸的曲线，曲线的凸度反映了产业分布的均匀状况，凸度越大表明产业分布越不均衡。

在具体计算产业分布的空间 Gini 系数时，一般使用产值、就业指标，也有的用增加值或贸易额等指标。在具体计算时，学者所采用的计算公式有所差异，其中常用的计算公式是：

$$G_i = \frac{2}{m^2 \underline{c}}\left(\sum_j \lambda_j \mid c_j - \underline{c} \mid\right) \qquad c_j = \frac{s_{ij}}{s_j}, \underline{c} = \frac{1}{m}\sum_j^m c_j \quad (3.2)$$

其中，m 为行业总数；λ_i 是行业 i 按照 c_j 进行降序排列时的位置数；s_{ij}是 i 行业占 j 地区的比重；s_j 是 j 地区占全国产值或就业的比重。

空间 Gini 系数虽然具有数据要求不高和计算简便的优点，但其只是一个相对的产业集聚指标，不能反映产业集聚的绝对状况。

（三）赫芬达尔指数

赫芬达尔指数（Herfindahl Index）最早由赫芬达尔提出，也是用来测度行业集中度的一类指标，即衡量行业内部以就业人数为标准计算的企业规模分布状况，定义为行业内所有企业的市场份额的平方和。计算公式为：

$$H = \sum_{i=1}^{N}\left(\frac{x_i}{x}\right)^2 \qquad (3.3)$$

上式中，x_i 代表 i 企业的就业人数，x 代表市场企业总规模。在进行具体测算时，考虑到企业数据的可得性不如地区数据，常用地区比重代替企业比重。

赫芬达尔指数是一个绝对指标，取值在 0—1 之间，数值越大表明行业的地区集中程度越高。虽然赫芬达尔指数能比较准确地反映产业或企业的市场集中程度，且计算方法相对容易，但其不足之处在于对最大份额地区的比重变化非常敏感，缺乏行业间的可比性。

（四）EG 指数

由于空间 Gini 系数未考虑企业规模差异因素，可能导致集聚指标的失真，为解决此问题，艾雷森（Ellision）和格莱泽（Glaeser，1997）提出了新的指标 EG 指数来测定行业的地理集中程度。

艾雷森和格莱泽首先定义了一个总体地理集中度指数 G，其公式为：

$$G_{EG} = \sum_{m} (s_{mi} - x_m)^2 \quad (3.4)$$

该指标反映了行业 i 占地区 m 的比重与占总体比重的差，s_{mi}代表地区 m 行业 i 就业人数占全国的比重，x_m 为该地区就业人数占全国的比重。

艾雷森和格莱泽证明了在完全随机分布下 G 的期望值为：

$$E(G_{EG}) = (1 - \sum_{m} x_m^2) H_i \quad (3.5)$$

其中，H_i 是用企业层面数据计算的赫芬达尔指数。在此基础上推导出的用 γ 表示的衡量产业地区集中程度的 EG 指数，用公式表示为：

$$\gamma_i = \frac{\sum_{m}^{M} (s_{mi} - x_m)^2 / (1 - \sum_{m} x_m^2) - H_i}{1 - H_i} \quad (3.6)$$

（五）Theil 指数

产业集聚的 Theil 指数测度方法是熵指数方法的一种，相对于 Gini 系数等其他指标，该指标具有空间可加性和可分解性等统计优越性。

根据布若哈特等（2009）对于 Theil 指数的定义，集聚的 Theil 指数可以用以下公式表示：

$$T = \sum_{r} \frac{E_r}{\sum_{r} E_r} \log \frac{\frac{E_r}{A_r}}{\frac{\sum_{r} E_r}{\sum_{r} A_r}} \quad (3.7)$$

其中，r 代表区域，E_r 代表区域就业，A_r 代表区域面积。

二 产业集聚结构的测度方法

对于产业集聚的测度，不仅要对产业集聚水平进行度量，还要关注产业集聚的类型与行业，也就是集聚结构问题，这可以从地区专业化方面来反映。地区专业化是从地区的角度衡量产业集聚的，若某地区的某个行业占全国的比重比其他地区高，则表明该地区在此行业生产上具有较高的专业化水平。

（一）区位熵

区位熵（Location Quotient）用来考察某地区特定行业在地区全部行业中的相对表现，可用来度量地区行业的相对专业化程度。作为经济空间分析中的一个重要指标，在衡量集聚时定义为一个行业的地区比重与国家比重之间的比值。区位熵的计算公式为：

$$LQ_{ij} = \frac{x_{ij}}{x_j} / \frac{x_i}{x} \tag{3.8}$$

其中，x_{ij}是地区 j 行业 i 的产值或就业人数；x_j 衡量的是地区 j 的产值或就业人数；x_i 是行业 i 的产值或就业人数；x 是全国总产值或就业人数。

（二）专业化指数

专业化指数（Specialization Index）是一种相对指标，用一个地区的专业化水平与全国其他地区平均专业化水平的差来度量，计算公式是：

$$SKG_i = \sum_k | s_i^k - \overline{s_i^k} | \tag{3.9}$$

其中，s_i 是地区 i 的行业 k 的产值或就业比重，$\overline{s_i}$是全国其他地区的行业 k 产值或就业比重的平均值。该指标的取值范围在 0—2 之间，取值越高，说明地区专业化水平越高。

第三节　中国产业集聚水平的区域差异及其变动

一　产业集聚的行业集中度指标 CR_4

根据国民经济行业分类标准 2011（GB/T 4754 - 2011），制造业共包括 31 个大类，考虑到各年份数据的可对比性和连续性，本书选取其中的 20 个大类。以就业人数（年末从业人员数）作为衡量指标，运用公式（3.1），计算出 20 个制造业的 CR_4 指标（见表 3 - 1）。

就行业集中度 CR_4 指标来看，大部分行业从 1988 年到 2008 年的集中度是不断提升的，产业集聚趋势明显，说明我国制造业从总体上还处于集聚度不断提升的阶段。其中，集聚度提高幅度最大的几个行业是造纸和纸制品业、电气机械和器材制造业、计算机通信和其他电子设备制造业、仪器仪表制造业、纺织服装服饰业、金属制品业，其 CR_4 提升幅度分别达到 136.37%、81.76%、81.55%、70.42%、60.49% 和 57.63%。集聚度降低的行业仅有两个，即黑色金属冶炼和压延加工业、石油加工炼焦和核燃料加工业。

表 3－1　　20 个制造业 CR_4 指标

	1988 年	1993 年	1999 年	2003 年	2008 年
农副食品加工业 C13	0. 3148	0. 3473	—	0. 4436	0. 4641
食品制造业 C14	0. 3170	0. 2954	0. 3871	0. 3804	0. 4157
酒、饮料和精制茶制造业 C15	0. 3102	0. 3102	0. 3461	0. 3507	0. 3566
烟草制品业 C16	0. 3454	0. 3650	0. 3897	0. 3944	0. 4390
纺织业 C17	0. 4219	0. 4244	0. 4743	0. 5551	0. 6657
造纸和纸制品业 C22	0. 3107	0. 2917	0. 4051	0. 4742	0. 7344
石油加工、炼焦和核燃料加工业 C25	0. 5295	0. 4195	0. 4355	0. 5025	0. 449
化学原料和化学制品制造业 C26	0. 3316	0. 3428	0. 3266	0. 3433	0. 4094
医药制造业 C27	0. 3237	0. 3849	0. 2986	0. 2912	0. 3347
化学纤维制造业 C28	0. 6140	0. 6834	0. 4500	0. 6008	0. 6403
非金属矿物制品业 C30	—	0. 3742	0. 3003	0. 3701	0. 4063
黑色金属冶炼和压延加工业 C31	0. 4931	0. 4711	0. 3863	0. 3899	0. 4162
有色金属冶炼和压延加工业 C32	—	0. 3281	0. 3146	0. 3049	0. 3390
金属制品业 C33	0. 4017	0. 4251	0. 4623	0. 5904	0. 6332
通用设备制造业 C34	—	0. 4372	0. 4127	0. 4835	0. 5407
专用设备制造业 C35	—	0. 4102	0. 4025	0. 3801	0. 4695
电气机械和器材制造业 C38	0. 3865	0. 5073	0. 4800	0. 6257	0. 7025
计算机、通信和其他电子设备制造业 C39	0. 4260	0. 5784	0. 5692	0. 6973	0. 7734
仪器仪表制造业 C40	0. 3908	0. 5336	0. 4433	0. 5875	0. 6660

为发现产业集聚的区域分布规律，列出几个年份的就业人员占前四位的省区（表 3－2）。从中可以发现：

首先，沿海地区省区制造业比较发达，2008 年 20 个制造业排名前四的省区中，多为沿海省份。其中，江苏在 20 个行业中前四的排名中出现了 17 次，出现频率最高；其次是山东，出现了 16 次，广东出现了 12 次，浙江出现了 11 次。

表3－2　　20个制造业排名前四的省区

	1988年	1993年	1999年	2003年	2008年
农副食品加工业C13	广东、山东、江苏、四川	四川、山东、江苏、黑龙江	—	山东、河南、江苏、广东	山东、河南、辽宁、江苏
食品制造业C14	江苏、四川、山东、广东	山东、江苏、四川、广东	山东、河南、广东、江苏	山东、广东、河南、河北	山东、广东、河南、福建
酒、饮料和精制茶制造业C15	四川、浙江、江苏、黑龙江	四川、山东、河南、江苏	山东、四川、河南、江苏	山东、四川、河南、江苏	四川、山东、河南、江苏
烟草制品业C16	河南、云南、湖北、湖南	云南、河南、湖南、湖北	河南、湖南、贵州、云南	云南、河南、贵州、湖北	云南、湖南、河南、贵州
纺织业C17	江苏、浙江、山东、湖北	江苏、浙江、山东、四川	江苏、山东、浙江、湖北	江苏、山东、浙江、广东	江苏、浙江、山东、广东
纺织服装、服饰业C18	—	江苏、浙江、山东、四川	—	—	广东、江苏、浙江、福建
造纸和纸制品业C22	辽宁、四川、山东、江苏	山东、四川、辽宁、河南	山东、广东、河南、江苏	山东、广东、浙江、河南	江苏、广东、山东、浙江
石油加工、炼焦和核燃料加工业C25	辽宁、山东、黑龙江、广东	辽宁、山东、黑龙江、山西	山东、山西、辽宁、黑龙江	山西、辽宁、山东、黑龙江	山西、山东、辽宁、河北
化学原料和化学制品制造业C26	江苏、辽宁、四川、山东	江苏、四川、辽宁、山东	江苏、山东、河南、辽宁	江苏、山东、广东、湖南	山东、江苏、广东、湖南
医药制造业C27	广东、江苏、辽宁、吉林	广东、江苏、辽宁、上海	江苏、山东、河北、河南	山东、江苏、浙江、河北	山东、江苏、浙江、河南

续表

	1988 年	1993 年	1999 年	2003 年	2008 年
化学纤维制造业 C28	上海、江苏、广东、天津	上海、江苏、广东、浙江	江苏、浙江、山东、河南	江苏、浙江、山东、河南	江苏、浙江、辽宁、山东
非金属矿物制品业 C30	—	广东、山东、江苏、四川	江苏、浙江、山东、河南	山东、广东、河南、河北	山东、广东、河南、江苏
黑色金属冶炼和压延加工业 C31	辽宁、上海、河北、四川	辽宁、上海、四川、湖北	辽宁、河北、四川、山西	辽宁、河北、山西、四川	河北、江苏、辽宁、山东
有色金属冶炼和压延加工业 C32	—	辽宁、甘肃、江苏、贵州	甘肃、河南、辽宁、湖南	甘肃、河南、山西、云南	河南、江苏、广东、山东
金属制品业 C33	江苏、辽宁、上海、山东	江苏、广东、山东、辽宁	广东、江苏、山东、浙江	广东、江苏、浙江、山东	广东、江苏、浙江、山东
通用设备制造业 C34	—	江苏、辽宁、上海、山东	江苏、山东、辽宁、浙江	江苏、浙江、山东、辽宁	江苏、浙江、山东、辽宁
专用设备制造业 C35	—	江苏、山东、上海、辽宁	山东、江苏、河南、河北	山东、江苏、河南、浙江	江苏、广东、山东、浙江
电气机械和器材制造业 C38	江苏、辽宁、浙江、上海	广东、江苏、上海、浙江	广东、江苏、浙江、山东	广东、浙江、江苏、山东	广东、浙江、江苏、山东
计算机、通信和其他电子设备制造业 C39	江苏、上海、广东、辽宁	广东、江苏、上海、北京	广东、江苏、四川、上海	广东、江苏、上海、浙江	广东、江苏、上海、浙江
仪器仪表制造业 C40	江苏、上海、辽宁、浙江	广东、上海、江苏、浙江	广东、江苏、上海、浙江	广东、浙江、江苏、上海	广东、江苏、浙江、上海

其次，从制造业行业省区分布的变化上来看，行业的区域分布具有稳定性特征，表现在行业集中度排名前四的省区在各年份基本上保持较高的一致度，比如对于各年份的纺织业的行业集中度 CR_4，江苏、浙江、山东一直占据前三位，而广东、江苏、浙江、上海一直占据仪器仪表制造业行业集中度 CR_4 的前四位。同时也应看到，制造业行业的省区分布的变化也具有多变性特征，在不同年份的 CR_4 省区排名存在变化，一些省区退出的同时另外的省区进入到排名中来。比如农副食品加工业的 CR_4，广东在1988年排名第一位，到2003年排名第四位，2008年退出了前四；医药制造业的 CR_4，广东和辽宁在1988年和1993年位于前四，但在2003年和2008年退出了前四的排名，让位于山东和浙江。

二　产业集聚的空间 Gini 系数

使用产业增加值数据，利用公式（3.2），计算了20个制造业的空间 Gini 系数（表3-3）。总体而言，从1988年到1999年，再到2008年，各行业的空间 Gini 系数处于扩大的过程中，反映出我国制造业整体上还处于集聚度不断提升的“倒U型”曲线的左侧。分时段来看，从1988年到1999年，产业集聚度提升幅度比较大的行业是造纸和纸制品业、食品制造业、金属制品业、电气机械和器材制造业、计算机通信和其他电子设备制造业、仪器仪表制造业，提升幅度分别达到38.66%、38%、30.76%、27.62%、27.58%、27.25%。从1999年到2008年，产业集聚度提升幅度比较大的行业是有色金属冶炼和压延加工业、医药制造业、化学原料和化学制品制造业、化学纤维制造业、造纸和纸制品业、非金属矿物制品业、纺织业，提升幅度分别为19.22%、15.77%、13.70%、13.50%、11.71%、11.15%、10.79%。

表3-3　　20个制造业空间 Gini 系数

	1988年	1999年	1988—1999年变动	2008年	1999—2008年变动
农副食品加工业 C13	—	—	—	0.5693	—
食品制造业 C14	0.3932	0.5426	0.1494	0.5282	-0.0144
酒、饮料和精制茶制造业 C15	0.4354	0.4869	0.0515	0.4729	-0.0140
烟草制品业 C16	0.5014	0.6338	0.1324	0.5483	-0.0855
纺织业 C17	0.5243	0.6681	0.1438	0.7402	0.0721

续表

	1988 年	1999 年	1988—1999 年变动	2008 年	1999—2008 年变动
纺织服装、服饰业 C18	—	—	—	0.7463	—
造纸和纸制品业 C22	0.426	0.5907	0.1647	0.6599	0.0692
石油加工、炼焦和核燃料加工业 C25	0.6747	0.5464	-0.1283	0.5143	-0.0321
化学原料和化学制品制造业 C26	0.4542	0.5058	0.0516	0.5751	0.0693
医药制造业 C27	0.4478	0.4217	-0.0261	0.4882	0.0665
化学纤维制造业 C28	0.6800	0.7194	0.0394	0.8165	0.0971
非金属矿物制品业 C30	—	0.5157	—	0.5732	0.0575
黑色金属冶炼和压延加工业 C31	0.5519	0.5279	-0.0240	0.5702	0.0423
有色金属冶炼和压延加工业 C32	—	0.4334	—	0.5167	0.0833
金属制品业 C33	0.5048	0.6601	0.1553	0.6821	0.0220
通用设备制造业 C34	—	0.6272	—	0.6579	0.0307
专用设备制造业 C35	—	0.6037	—	0.5779	-0.0258
电气机械和器材制造业 C38	0.5278	0.6736	0.1458	0.6924	0.0188
计算机、通信和其他电子设备制造业 C39	0.5755	0.7342	0.1587	0.8030	0.0688
仪器仪表制造业 C40	0.5431	0.6911	0.1480	0.7319	0.0408

分行业来看，技术密集型行业的集聚度明显高于其他行业，比如 2008 年的化学纤维制造业、计算机通信和其他电子设备制造业、仪器仪表制造业、电气机械和器材制造业等的空间 Gini 系数分别高达 0.8165、0.8030、0.7319、0.6924。对照表 3-2 可以看出，这些技术密集型行业主要集中于上海、广东、江苏、浙江等沿海经济发达、科技水平较高的地区。但劳动密集型产业像纺织业和纺织服装、服饰业也有着比较高的集聚度，空间 Gini 系数分别达 0.7402 和 0.7463，对照表 3-2 可以看出其主要集中在广东、江苏、浙江、山东等沿海地区，这些地区具有产业基础雄厚、人口密集消费市场大、靠近港口便于产品出口等优势，而内陆地区大量的劳动力流入为其发展劳动密集型产业提供了比较充足的劳动力资源保障。

三　产业集聚的 Theil 指数

为测度区域内部产业空间结构的变动情况，使用地级以上城市的就业数据，按照公式（3.7），计算了各省内部产业集聚 Theil 指数。样本区域剔除了北京、天津、上海、重庆四个直辖市，以及地级市较少的西藏、青海、海南、新疆，具体的省区包括23个省份。之所以使用地级市数据，主要是出于以下考虑：地级市行政区相对稳定，具有比较固定的辖区范围，便于时间序列的比较。数据来自于各年的《中国城市统计年鉴》，具体计算结果见图3-1。

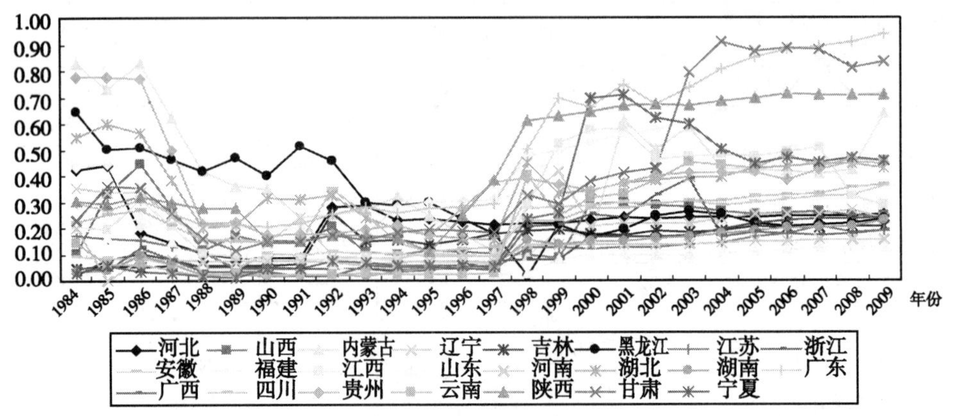

图3-1 区域产业集聚度Theil指数及其变化

根据各省从1984年到2009年Theil指数的平均值，把其分为高集聚度（广东、福建、陕西、甘肃、内蒙古、贵州）、中集聚度（湖北、黑龙江、江西、宁夏、四川）、低集聚度（河北、辽宁、云南、山西、安徽、吉林、广西、江苏、浙江、河南、湖南、山东）三种类型。

按照各省Theil指数从1984年到2009年的变化特征，把其分为以下几种类型：U型（内蒙古、福建、四川、湖北），表现为Theil指数具有先减小、后增大的趋势；L型（黑龙江、贵州、河北、辽宁）的变化特征是前期Theil指数由较大的数值下降明显，但后期则保持较低的水平；J型（广东、甘肃、陕西、福建、江西、云南、宁夏），其Theil指数在整个时段的变化特征是前期保持较低的水平且变化和缓，但在后期呈现出比较显著的增大趋势；另外的省区的Theil指数在整个分析时段均保持比较低的水平且变化和缓，属于平稳型（山东、山西、浙江、河南、江苏、湖南、吉林、广西）。

第四节　中国产业集聚结构的区域差异及其变动

一　区位熵

使用行业就业人员数据，运用公式（3.8）测算了1988年、1999年与2008年三年的各省区的区位熵，并列出其区位熵较大的行业（附录）。各省区均有专业化优势比较突出的行业，尤其是一些省区因拥有发展工业的特殊资源优势而具有比较高的区位熵。以2008年为例，云南、贵州有比较优质的烟草资源，其烟草制品业区位熵分别高达14.8762、8.5864；山西、新疆、黑龙江有比较丰富的煤炭或石油资源，其石油加工及炼焦业区位熵为7.4920、5.5227、3.1337；云南、甘肃、江西、湖南的有色金属储量较大，其有色金属冶炼及压延加工业的区位熵分别达5.4412、4.9128、3.0091、2.1024。具有较高区位熵的省区及其行业还有：江苏的造纸及纸制品业（5.9265）、海南的农副食品加工业（4.8776）、河北的黑色金属冶炼及压延加工业（4.0207）、西藏的医药制造业（3.6424）、四川的饮料制造业（2.9563）等。

对比1988年、1999年和2008年各省专业化的行业，发现其具有稳定性和变化性的特征。稳定性特征是指一些省区的特色产业具有持久的专业化优势，在三个时间断面上均呈现出较高的区位熵，比如河北的黑色金属冶炼及压延加工业、山西的石油加工及炼焦业、江苏的化学纤维制造业和纺织业、云南和贵州的烟草制品业、广东的电气机械及器材制造业等。而变化性是指一些省区的专业化行业在不同年份存在变化，反映了区域产业结构的变动。以北京为例，1988年的区位熵较高的四个行业分别为炼焦煤气及煤制品业、电子及通信设备制造业、仪器仪表及其他计量器具制造业、交通运输设备制造业，1999年变化为石油加工及炼焦业、食品制造业、专用设备制造业、交通运输设备制造业，到2008年则变化为仪器仪表及文化办公机械制造业、医药制造业、专用设备制造业和饮料制造业。

使用第三产业增加值数据，运用公式（3.8），测算了各省区的服务业区位熵（表3-4）。从几个年份的平均值来看，服务业专业化优势比较明显的省区是北京、西藏、青海、上海、宁夏、海南、广东、天津等，其区位熵的平均值分别为1.5331、1.2536、1.1892、1.1820、1.1761、1.1639、1.1609、1.1469。

北京、上海、天津作为直辖市，其服务业相对比较发达；广东改革开放较早，经济发达，服务业水平也较高；西藏、青海、宁夏和海南的区位熵高的原因，可以归结于其第三产业相对强于第一、二产业的地区产业结构特征。总之，服务业专业化特征不如制造业明显，这主要是由产业特征所决定的，制造业产品可以通过运输输送到各地，而人们对服务的供给与需求则具有较强的空间约束。

表 3－4　　各省区服务业专业化及其变化

	1978 年	1984 年	1990 年	1996 年	2002 年	2009 年
北京	1.2253	1.4291	1.2508	1.8058	1.6505	1.8372
天津	1.2574	1.1792	1.0588	1.1787	1.1063	1.1012
河北	1.0874	0.9821	1.0092	0.9193	0.8521	0.8564
山西	1.0770	1.0603	1.0380	1.1037	1.0185	0.9543
内蒙古	1.1328	1.2733	1.0519	1.0241	0.9973	0.9232
辽宁	0.7651	0.8906	1.0704	1.0593	0.9869	0.9420
吉林	0.9490	0.8464	0.8945	0.9468	0.9739	0.9211
黑龙江	0.8050	0.7839	0.8653	0.7968	0.8653	0.9552
上海	0.9625	1.0944	1.0293	1.2996	1.2626	1.4438
江苏	1.0261	0.7509	0.8382	0.9436	0.8752	0.9621
浙江	0.9663	1.0462	0.9734	0.9585	0.9620	1.0494
安徽	0.8942	0.9292	0.7849	0.8520	0.9482	0.8852
福建	1.1107	1.2464	1.2380	1.0304	0.9428	1.0036
江西	1.0548	0.9248	0.8947	0.9397	0.9469	0.8379
山东	0.7122	0.8998	0.9587	0.9303	0.8590	0.8445
河南	0.9084	0.9235	0.9544	0.8079	0.7819	0.7119
湖北	0.8969	0.8673	0.8653	0.8449	1.0169	0.9622
湖南	0.9622	0.8288	0.9315	0.9109	1.0232	1.0063
广东	1.2225	1.1956	1.1537	1.1607	1.1207	1.1122
广西	1.2978	1.1810	1.1031	0.8987	1.0159	0.9151
海南	1.2712	1.1737	1.1472	1.2515	1.0392	1.1008
四川	1.0329	0.9763	0.9285	0.6549	0.9812	0.8936
贵州	0.9398	0.7655	0.8319	0.8660	0.9215	1.1724
云南	0.8997	0.8696	0.8964	0.9553	0.9432	0.9934
西藏	1.1202	1.4326	1.1659	1.1927	1.2826	1.3274
陕西	0.9086	1.0259	1.0496	1.1200	1.0201	0.9360
甘肃	0.9974	1.0705	1.0664	0.9091	0.9968	0.9789
青海	1.3848	1.4704	1.1685	1.1728	1.0421	0.8966
宁夏	1.3251	1.3181	1.1253	1.1924	1.0824	1.0133
新疆	0.8937	1.0394	0.8716	1.0814	1.0421	0.9030

二 专业化指数

按照克鲁格曼专业化指数的计算方法即公式（3.9），以行业年末从业人员数为依据，对各省区的专业化指数进行了测算（表3－5）。2008年，专业化水平较高的省区是西藏、广东、浙江、上海、江苏，专业化指数分别达到1.0687、0.8675、0.7354、0.7094、0.7091；专业化水平较低的省区是陕西、湖南、江西、湖北、安徽、四川，专业化指数分别为0.3076、0.3009、0.2992、0.2677、0.2332、0.2015。

整体上看，从1988年到2008年，各省专业化指数不断变大，反映出专业化程度不断提高。其中，从专业化指数增大幅度上来看，专业化程度提高最为明显的省区分别是广东、江苏、甘肃、河北、浙江、内蒙古、云南、上海，其提高幅度分别达到171.52%、131.96%、162.12%、141.96%、104.62%、93.93%、85.17%、65.96%。

表3－5　省区专业化指数及其变化

	1988年	1993年	1999年	2003年	2008年
北京	0.2947	0.3200	0.3123	0.3639	0.4474
天津	0.3394	0.3572	0.3729	0.4096	0.4680
河北	0.2176	0.2330	0.2776	0.3448	0.5265
山西	0.3887	0.4027	0.5311	0.6157	0.3515
内蒙古	0.2834	0.3366	0.5477	0.5764	0.5496
辽宁	0.3051	0.2971	0.3649	0.3938	0.4333
吉林	0.2630	0.2727	0.4938	0.5734	0.6446
黑龙江	0.3125	0.2861	0.3900	0.4694	0.4988
上海	0.4380	0.4546	0.4086	0.5467	0.7094
江苏	0.3057	0.3605	0.4542	0.5870	0.7091
浙江	0.3594	0.4331	0.5330	0.6865	0.7354
安徽	0.2964	0.2612	0.2518	0.2594	0.2332
福建	0.3805	0.3813	0.4070	0.5540	0.5665
江西	0.1622	0.2178	0.1551	0.2628	0.2992
山东	0.2324	0.2271	0.3606	0.3953	0.3670
河南	0.2502	0.2791	0.3017	0.3700	0.3185
湖北	0.2334	0.2705	0.2762	0.3138	0.2677

续表

	1988 年	1993 年	1999 年	2003 年	2008 年
湖南	0. 1977	0. 4913	0. 2520	0. 3184	0. 3009
广东	0. 3195	0. 5265	0. 6494	0. 8945	0. 8675
广西	0. 2614	0. 2912	0. 3078	0. 4117	0. 3590
海南	0. 6104	0. 7961	0. 6066	0. 8106	0. 6631
四川	0. 1272	0. 2051	0. 2362	0. 2537	0. 2015
贵州	0. 3838	0. 4854	0. 4588	0. 4966	0. 4396
云南	0. 2907	0. 3689	0. 5357	0. 5951	0. 5383
西藏	1. 1861	0. 8526	1. 1080	1. 2044	1. 0687
陕西	0. 3094	0. 3155	0. 3560	0. 3493	0. 3076
甘肃	0. 2030	0. 4217	0. 4132	0. 5146	0. 5321
青海	0. 3663	0. 4976	0. 4803	0. 7410	0. 5983
宁夏	0. 3068	0. 4398	0. 5733	0. 6060	0. 5334
新疆	0. 3686	0. 4472	0. 5739	0. 6594	0. 5300

第五节　中国产业集聚形成与演化的区域特征

一　模型

对于产业集聚形成与演化的原因，新古典贸易理论、新贸易理论和新经济地理学都从外部性、规模经济、市场潜力、分工与专业化等不同的角度进行了解释。尤其是克鲁格曼提出“核心—外围”模型并创立新经济地理学以来，对于产业集聚形成与演化的理论和经验研究有了更加深入的发展。按照新经济地理学的观点，产业倾向于集聚在市场潜力较大的地区，奥塔维亚诺（Ottaviano）等利用芬兰 NUTS4 层面的地区数据的经验研究证实了上述命题（Ottaviano et al.，2006）。本书中，我们使用各省区的人均 GRP 与全国平均水平的比值来测度市场潜力对产业集聚形成与演化的影响。新经济地理学认为交通运输成本的降低有利于产业集聚，本书运用各省区的交通基础设施变量测度交通运输成本因素。本书用 Theil 指数作为产业集聚指标和被解释变量，反映的是区域内部的产业集聚状况，这实际上受到区域经济空间结构变动的很大影响，因此用城市化和首位城市就业比重作为解释变量，来测度区域经济空间结构变动对产业集聚的影响。不同区域的产业集聚形成与演化与区域本身的特征有密切关系，这种区域特征不仅表现在市场潜力、交通基础设施、城市化、首位城市就业比重等方面的差异上，还应该表现在改革开放过程中不同的市场化程度和外贸依存度上。

基于以上分析，并考虑到产业集聚水平依赖于其自身的滞后水平以及其他自变量的滞后量，说明采用一阶自回归分布滞后模型 ADL（1，1）比较适合，因此基本的面板计量模型设定为：

$$Theil_{it} = \alpha Theil(-1)_{it} + \beta_0 Urba_{it} + \beta_1 Urba(-1)_{it} + \beta_2 Lrfc_{it} + \beta_3 Lrfc(-1)_{it} + \beta_4 Maql_{it} + \beta_5 Maql(-1)_{it} + \beta_6 Mark_{it} + \beta_7 Mark(-1)_{it} + \beta_8 Foun_{it} + \beta_9 Foun(-1)_{it} + \beta_{10} Fotr_{it} + \beta_{11} Fotr(-1)_{it} + \nu_i + \varepsilon_{it} \tag{3.10}$$

上式中，*Theil* 表示 *Theil* 指数，*Urba* 表示城市化，*Lrfc* 表示首位城市就业比重，*Maql* 表示市场潜力，*Mark* 表示市场化，*Foun* 表示基础设施，*Fotr* 表示外贸依存度。

二　变量与数据

Theil 指数（Theil）。作为被解释变量的各省区的 Theil 指数，使用地级以上城市的就业数据，按照公式（3.7）进行计算得到。

城市化（Urba）。用城镇人口占区域总人口的比重衡量。

首位城市就业比重（Lrfc）。用各省区中就业人数最多的地级以上城市的就业人数占区域总就业人数的比重衡量。

市场潜力（Maql）。使用各省区的人均 GRP 与全国平均水平的比值来测度。

市场化（Mark）。用各省区非国有工业产值占工业总产值比重来测度。

基础设施（Foun）。用各省区的交通运输线路密度测度，具体的测算方法参考王小鲁等的做法，把不同等级的公路里程分别折算成相当于二级公路的标准公路里程，并以 14.7 的换算系数将铁路里程与标准公路里程合算为标准道路里程，计算其与面积比率（王小鲁等，2009）。

外贸依存度（Fotr）。把以美元计价的进出口贸易总额按照当年外汇牌价折算为人民币计价，用各省区进出口贸易总额占 GRP 的比重衡量。

样本区域包括 23 个省份（剔除了北京、天津、上海、重庆四个直辖市，以及地级市较少的几个省区）。分析时段为 1984—2009 年。各变量的具体统计描述见表 3 - 6。

表 3 - 6　　变量描述性统计

变量名称	均值	标准差	最小值	最大值	样本数
Theil	0. 2545	0. 1994	0. 0013	0. 9369	598
Urba	0. 2553	0. 1105	0. 1075	0. 6340	598
Lrfc	0. 2697	0. 1230	0. 0935	0. 6721	598
Maql	0. 7941	0. 3185	0. 2959	1. 6856	598
Mark	0. 5809	0. 2281	0. 1068	0. 9508	598
Foun	0. 5184	0. 3104	0. 0886	1. 8222	598
Fotr	0. 1802	0. 2797	0. 0005	1. 8446	598

数据来源：《新中国六十年统计资料汇编》、《中国城市统计年鉴》、《中国人口统计年鉴》以及各年的《中国统计年鉴》。

三　实证结果分析

分别用 Pooled OLS 回归、固定效应面板模型回归（FE）、一般动态面板模型回归（DIFF - GMM）、系统动态面板模型回归（SYS - GMM）四种模型估计方法对计量模型 3. 10 进行估计，估计结果见表 3 - 7。

Pooled OLS 回归可能导致对系数的高估，固定效应面板模型回归（FE）则可能导致对系数的低估，而动态面板估计技术的优势在于其对于变量内生性的解决上。从估计结果来看，产业集聚水平显著依赖于其滞后期的集聚水平，这说明产业集聚具有累积效应，越是集聚度高的地区越有利于产业的进一步集聚。虽然四种估计方法在估计其一阶滞后变量的系数上存在差异，但都以较高的显著性水平通过检验。

各解释变量中，最为显著的是首位城市就业比重以及市场化变量。当期的首位城市就业比重系数为正，滞后一期的变量系数为负，说明当期的首位城市就业比重促进了 Theil 指数的提高，而滞后一期的首位城市就业比重拉低了 Theil 指数，这在某种程度上反映了区域增长极在区域经济结构变动中的重要作用。对于其他变量而言，滞后期比当期更有意义。滞后一期的市场化变量系数为正且以很高的显著性水平通过检验，市场化提高了区域 Theil 指数，说明市场化改革是促进产业集聚的重要力量。滞后一期的外贸依存度变量系数为正且在 Pooled OLS 和 SYS - GMM 两个回归模型估计中通过检验，说明外贸依存度对提高区域 Theil 指数有贡献，所以对外开放是促进区域内部产业集聚的又一重要推动力。交通基础设施、市场潜力和城市化变量的系数均在统计上不显著，但滞后一期的城市化变量在 DIFF－GMM 估计模型中显著。滞后一期城市化变量系数为正，说明城市化有利于区域产业集聚。交通基础设施和市场潜力对区域内部产业集聚的影响不明显。

表 3－7　　产业集聚形成与演化模型回归结果

	OLS	FE	DIFF－GMM	SYS－GMM
Theil（t－1）	0.891*** (52.80)	0.845*** (39.84)	0.788*** (23.81)	0.814*** (20.13)
Urba	－0.0166 (－0.15)	－0.0197 (－0.17)	－0.00541 (－0.09)	－0.00750 (－0.09)
Urba（t－1）	0.0259 (0.22)	0.155 (0.94)	0.348*** (2.98)	0.0235 (0.16)
Lrfc	0.387*** (5.92)	0.383*** (5.45)	0.410*** (3.88)	0.446*** (4.37)
Lrfc（t－1）	－0.265*** (－4.07)	－0.255*** (－3.79)	－0.280** (－2.12)	－0.343*** (－3.11)
Maql	－0.0454 (－0.57)	－0.0197 (－0.23)	0.0319 (0.55)	0.0131 (0.19)
Maql（t－1）	0.0109 (0.13)	0.0259 (0.30)	－0.0562 (－0.93)	－0.105 (－1.50)
Mark	－0.218** (－2.11)	－0.232** (－2.19)	－0.331** (－2.54)	－0.331*** (－2.63)
Mark（t－1）	0.311*** (3.02)	0.321*** (3.03)	0.421*** (3.45)	0.465*** (3.98)
Foun	－0.0289 (－0.79)	－0.0303 (－0.80)	－0.0344** (－2.19)	－0.0132 (－0.96)
Foun（t－1）	－0.00139 (－0.03)	－0.00212 (－0.05)	－0.00672 (－0.37)	0.00158 (0.09)
Fotr	－0.0284 (－0.68)	－0.0335 (－0.77)	－0.0285 (－0.75)	－0.0187 (－0.47)
Fotr（t－1）	0.0848** (2.00)	0.0593 (1.25)	0.0286 (0.72)	0.0753* (1.88)
Constant	－0.0179 (－1.08)	－0.0625* (－1.82)	－0.0657 (－1.38)	0.0193 (0.37)
R^2	0.8850	0.8759		
Arellano-Bond test (p-value)			0.0030 (0.6306)	0.0025 (0.6447)
Hansen test			0.2311	0.5024
N	575	575	552	575

说明：(1) 所有模型估计由软件 stata11 给出。(2) 系数括号内的 t 检验值，* 表示在 10% 水平上显著，** 表示在 5% 水平上显著，*** 表示在 1% 水平上显著。(3) Arellano－Bond test 上面为 ar (1) 检验的 p 值，下面括号里为 ar (2) 检验的 p 值。(4) Hansen test 报告的是 p 值。

第六节　小结

本章首先介绍了产业集聚水平的几种常用的测度方法，包括行业集中度、空间 Gini 系数、赫芬达尔指数、EG 指数、Theil 指数，以及在区域行业专业化测度上使用较多的区位熵和克鲁格曼专业化指数方法。

运用行业集中度和空间 Gini 系数对我国各省区 1988—2008 年的制造业产业集聚进行了测算，均发现产业集中度不断提升的证据，产业集聚趋势明显，说明我国制造业从总体上还处于集聚度不断提升的阶段。行业集中度的分析发现沿海地区省区制造业比较发达，2008 年 20 个制造业排名前四的省区中，多为沿海省份。在整个分析时段，产业集聚度提高幅度最大的几个行业是造纸和纸制品业、电气机械和器材制造业、计算机通信和其他电子设备制造业、仪器仪表制造业、纺织服装服饰业、金属制品业。

利用地级以上城市的就业数据，对各省产业内部集聚度用 Theil 指数进行了测算。根据各省从 1984 年到 2009 年 Theil 指数的平均值，把其分为高集聚度（广东、福建、陕西、甘肃、内蒙古、贵州）、中集聚度（湖北、黑龙江、江西、宁夏、四川）、低集聚度（河北、辽宁、云南、山西、安徽、吉林、广西、江苏、浙江、河南、湖南、山东）三种类型。按照各省 Theil 指数从 1984 年到 2009 年的变化特征，把其分为 U 型、L 型、J 型、平稳型等几种类型。

使用行业就业人员数据，测算了 1988 年、1999 年与 2008 年三年的各省区的区位熵，发现各省区均有专业化优势比较突出的行业，尤其是一些省区因拥有发展工业的特殊资源优势而具有比较高的区位熵。使用第三产业增加值数据，测算了各省区的服务业区位熵。从几个年份的平均值来看，服务业专业化优势比较明显的省区是北京、西藏、青海、上海、宁夏、海南、广东、天津等。服务业专业化特征不如制造业明显，这主要是由产业特征所决定的，制造业产品可以通过运输输送到各地，而人们对服务的供给与需求则具有较强的空间约束。

按照克鲁格曼专业化指数的计算方法，以行业年末从业人员数为依据，对各省区的专业化指数进行了测算。整体上看，从 1988 年到 2008 年，各省专业化指数不断变大，反映出专业化程度不断提高。其中，从专业化指数增大幅度上来看，专业化程度提高最为明显的省区分别是广东、江苏、甘肃、河北、浙江、内蒙古、云南、上海。

本章最后以 Theil 指数作为被解释变量，以城市化、首位城市就业比重、市场潜力、市场化、基础设施、外贸依存度作为解释变量，建立面板数据模型，分别用 Pooled OLS 回归、固定效应面板模型回归（FE）、一般动态面板模型回归（DIFF - GMM）、系统动态面板模型回归（SYS - GMM）四种模型估计方法进行估计。发现产业集聚水平显著依赖于其滞后期的集聚水平，各解释变量中，最为显著的是首位城市就业比重以及市场化变量。当期的首位城市就业比重促进了 Theil 指数的提高，而滞后一期的首位城市就业比重拉低了 Theil 指数，这在某种程度上反映了区域增长极在区域经济结构变动中的重要作用。滞后一期的市场化变量与外贸依存度变量系数为正且以很高的显著性水平通过检验，说明市场化改革和对外开放是促进区域内部产业集聚的两个重要推动力。滞后一期城市化变量系数为正，说明城市化有利于区域产业集聚；交通基础设施和市场潜力对区域内部产业集聚的影响不明显。

第四章

产业集聚水平及其空间依赖与中国区域经济增长率差异

第一节 引言

按照西方经济学增长理论的解释，劳动力、资本、技术等是经济增长的要素和条件。这些要素也是区域经济增长的重要影响因素，除此之外，自然资源因素也是影响区域经济增长的因素。劳动力流动因素是影响区域经济增长差异的重要因素，劳动力在区域间的不平衡流动在客观上扩大了我国区域经济发展的不平衡程度。劳动力流动对不同区域经济发展的影响方向与影响强度存在着显著差异，大量从中西部流入东部的劳动力显著地促进了东部地区的工业化进程和经济增长（潘越等，2010）。地方政府公共投资对区域经济增长具有推动作用，不同投资项目的拉动效应在区域间存在着较大差异（李晓嘉，2011）。交通等基础设施的发展很大程度上缩短了区域间的空间距离，降低了运输成本和交易费用，对区域经济增长起到了比较显著的促进作用，不同区域的基础设施状况不同，对区域经济增长的促进作用不同，从而导致区域经济增长的差异（魏下海，2010；刘勇，2010；王任飞等，2007）。新制度经济学把制度因素看作经济增长的内生变量，把制度因素纳入了经济增长模型，具体到中国的实证检验表明，政府对经济干预程度、产权制度、市场化程度、教育与科研制度等制度因素对东部地区经济增长的解释程度最高，中部地区次之，西部地区最小，不同的制度因素在地区间表现出显著的差异性（丁辉侠，2010）。劳动力、资本等生产要素在产业内和产业间的流动所产生的生产要素转换，能够促进产业结构从劳动密集型到资本密集型再到技术知识密集型的升级，由生产要素转换导致的产业结构演进是影响区域经济增长的重要因素

（吕明元等，2010）。

在区域经济增长差异的影响因素中，集聚因素也是一个重要的方面。产业集聚与经济增长是相互影响的内生化过程，陈德文等（2010）的研究发现，产业集聚对我国区域经济增长的作用存在U型关系，产业区域集聚是产生区域差距的重要因素，经济增长对区域产业集聚存在门槛效应。徐盈之等（2010）研究了产业空间集聚与中国区域经济增长之间的“威廉姆森假说”关系，发现产业空间集聚对经济增长具有非线性效应，即没有达到门槛值以前，集聚对增长具有正效应，但超出门槛值后，集聚会降低经济增长率，证实了“威廉姆森假说”的存在。高凤莲等（2010）基于中国省级面板数据模型考察集聚、产业结构类型与经济增长的关系，发现集聚确实是内生的，区位熵对经济增长具有不显著的促进作用，专业化而不是多元化的产业结构更有利于经济增长。

20世纪60年代，以索罗（Solow，R. M.）为代表的经济学家创立了新古典经济增长理论。按照该理论的观点，经济体的增长率随距离稳态的不同而变化，不同经济体间的经济增长具有收敛的趋势。新古典经济增长理论预言经济体长期增长趋向于稳态，经济增速减慢，但现实中的经济体往往表现为持续的快速增长。以罗默和卢卡斯为代表的新增长理论，通过引入知识和人力资本，其规模报酬递增的特性为经济体的持续增长提供了理论基础。按照新增长理论的观点，经济体不存在收敛的趋势。因此，围绕着收敛存在与否、收敛速度的快慢以及引致收敛的原因等问题，经济增长收敛便成为经济学界研究的热点，收敛实证研究也成为检验经济增长理论的试金石。

产业集聚的形成与发展是多方面因素共同作用下的结果，其中产业本身的特性决定了产业集聚具有某种地域倾向。比如基于对原材料的需求，资源密集型产业倾向于向拥有丰富资源的地区集聚；劳动密集型产业倾向于向劳动力资源丰富的地区集聚；而知识技术密集产业则倾向于向高等学校、科研院所集中的地区集聚，比如美国的“硅谷”。产业集聚一旦在某些地区形成，便具有“锁定”效应，形成本地根植性，构成产业集聚的空间依赖。产业集聚对一定空间的依赖，一方面是由于固定资产投资的迁移成本很高，企业一旦在某地建厂就不再愿意迁移到其他地区；另一方面来自于集聚区相关企业长期的产业关联和密切的上下游联系所形成的产业集群效应；另外，企业对于产业集聚地制度文化的适应性及其形成的社会网络架构等，也是产业集聚空间依赖的原因。

产业集聚空间依赖性导致区域经济增长差异和区域经济差距难以消除，因为越是产业集聚度比较高的地区经济增长也越快，对企业集中的吸引力越强；而越是产业集聚度比较低的地区经济增长越慢，对企业集聚的吸引力也越弱。产业集聚达到一定的程度，会产生规模不经济，同时产业升级会对传统产业产生挤出效应，这些因素会推动产业从集聚区向外转移，从而有利于缩小区域经济差距，但由于存在产业集聚的空间依赖，导致区际产业转移受到阻碍。

本章主要分析区域经济增长的地区差异及其收敛性，研究产业集聚的空间依赖问题，分析产业集聚空间依赖性的表现、产生的原因，运用空间计量分析方法研究区域经济增长与产业集聚问题，并从区域经济发展阶段理论的视角对集聚经济增长效应的动态演化和地区差异加以阐释。

第二节 中国区域经济增长差异及其收敛性

一 中国区域经济增长的空间分异

改革开放以来，我国经济增长迅速，区域经济得以快速发展。1978年各省区平均人均 GRP 为 462.57 元，以 1978 年不变价格衡量的 2009 年的各省区平均人均 GRP 达到 6350.29 元，2009 年各省区的平均 GRP 水平是 1978 年的将近 14 倍（图 4－1）。在区域经济快速发展的同时，始终伴随着比较大的区域差距问题，表现在人均 GRP 的省区差异很显著，2009年，上海、天津、北京、江苏的人均 GRP 最高，均在万元以上，上海高达 26046.23 元，而最低的贵州仅为 1762.47 元。

人均 GRP 的地区差距也很显著，且有扩大的迹象（表 4－1）。1978年，各地区人均 GRP 的排序是东部地区、东北地区、西部地区、中部地区，最高的东部地区的人均 GRP 是最低的中部地区的 2.5 倍。2009 年，各地区人均 GRP 的排序是东部地区、东北地区、中部地区、西部地区，最高的东部地区是最低的西部地区的接近 3 倍。

改革开放后，我国区域经济的快速增长可以从人均 GRP 的快速增长上得到反映。1978—2009 年各省区以 1978 年不变价格核算的人均 GRP 年均增速平均达 9.38%，2003—2009 年更是达到年均 12.03% 的高速增长

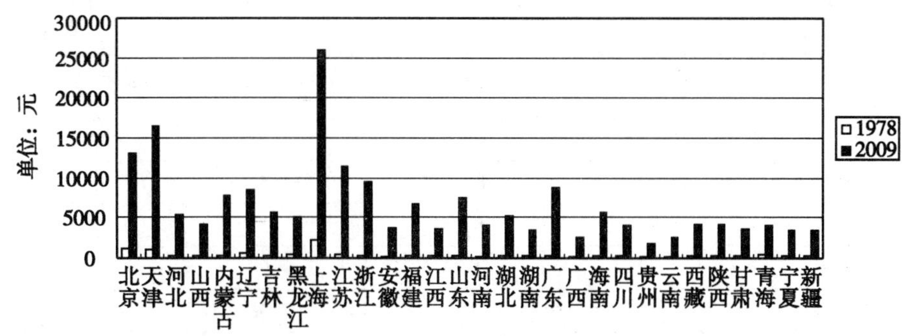

图 4－1 1978 年和 2009 年各省区真实人均 GRP

（表 4－2）。从分阶段的平均增速可以看出，我国区域经济增长在深化改革开放的背景下呈现出不断加速的过程，1978—1990 年各省区真实人均 GRP 年均增速为 7.62%，1990—2003 年增加到年均 9.82%，2003—2009 年更是高达 12.03%。

表 4－1 真实人均 GRP 的地区差异（元/人）

	东部地区	中部地区	东北地区	西部地区
1978 年	646.89	254.73	477.07	266.65
2009 年	11050.87	4004.19	6389.22	3740.78

由于各省区经济基础不同，发展条件各异，区域经济增长存在显著的空间分异，表现为有的省份经济增长较快，有的省份经济增长较慢。从 1978 年到 2009 年，真实人均 GRP 增长率较快（年均在 10% 以上）的省区有浙江（11.88%）、江苏（11.64%）、福建（11.33%）、内蒙古（11.27%）、广东（11.24%）、山东（11.17%）、海南（10.21%）、河南（10.09%），而贵州、青海、宁夏、黑龙江则相对较慢，增长率分别为 8.18%、7.87%、7.80%、7.77%。

表 4－2 以真实人均 GRP 衡量的各省经济增长的年均增长率（%）

	1978—2009 年	1978—1990 年	1990—2003 年	2003—2009 年
北京	8.18	7.14	8.69	9.17
天津	9.4	5.92	10.82	13.47
河北	9.55	6.7	11.31	11.56

续表

	1978—2009 年	1978—1990 年	1990—2003 年	2003—2009 年
山西	8.62	6.65	9.52	10.67
内蒙古	11.27	8.26	10.57	19.14
辽宁	8.93	6.76	9.18	12.83
吉林	9.52	7.83	9.09	13.94
黑龙江	7.77	5.66	7.96	11.71
上海	8.3	5.81	10.11	9.46
江苏	11.64	9.68	12.69	13.35
浙江	11.88	10.57	13.43	11.17
安徽	9.59	7.69	9.91	12.79
福建	11.33	9.72	12.34	12.41
江西	9.02	7.36	9.11	12.2
山东	11.17	8.57	12.58	13.39
河南	10.09	8.42	10.25	13.14
湖北	9.76	7.98	10	12.89
湖南	8.73	6.23	9.52	12.12
广东	11.24	10.68	11.54	11.7
广西	8.61	5.18	10.06	12.51
海南	10.21	10.13	10.08	10.69
四川	9.6	7.67	10.02	12.61
贵州	8.18	7.55	7.46	11.05
云南	8.46	8.04	7.89	10.54
西藏	8.55	5.64	10.07	11.23
陕西	9.44	7.72	9.29	13.31
甘肃	8.31	6.66	8.63	10.95
青海	7.87	6.59	7.52	11.26
宁夏	7.8	6.8	7.4	10.74
新疆	8.46	9.01	7.7	9.01
平均值	9.38	7.62	9.82	12.03

分阶段而言，各省区经济增长速度的空间分异也十分明显。从 1978 年到 1990 年，东南沿海省区较早地获益于改革开放，保持了较快的增长

势头，广东、浙江、海南、福建、江苏的真实人均 GRP 增长率分别在 10.68%、10.57%、10.13%、9.72%和9.68%，增长较慢的省区为黑龙江（5.66%）、西藏（5.64%）、广西（5.18%）。从1990年到2003年，真实人均 GRP 年均增速在10%以上的省区达到16个，其中浙江、江苏、山东、福建、广东增速最快，分别达到13.43%、12.69%、12.58%、12.34%、11.54%，增长较慢的省区有新疆（7.70%）、青海（7.52%）、贵州（7.46%）、宁夏（7.40%）。从2003年到2009年，高增长是各省区共同的特征，30个省区中，27个省区的真实人均 GRP 增速超过10%，增长最快的内蒙古达到年均19.14%，增长最慢的新疆也有9.01%。

以真实人均 GDP 衡量的地区经济增长也存在明显的区域差异（表4－3）。就整个分析时段而言，东部地区经济增长最快，其次是中部地区、西部地区、东北地区。分阶段而言，1978—1990年，经济增长由快到慢的排序是东部地区、中部地区、西部地区、东北地区；1990—2003年，经济增长由快到慢的排序同样为东部地区、中部地区、西部地区、东北地区；2003—2009年的排序变为东北地区、中部地区、西部地区、东部地区，反映了在“西部大开发”、“振兴东北”、“中部崛起”等一系列的区域发展政策的指引下，我国区域经济差距开始缩小并朝着区域经济协调发展的方向运行。

表4－3　　经济增长率的地区差异（%）

	1978—2009年	1978—1990年	1990—2003年	2003—2009年
东部地区	10.29	8.49	11.36	11.64
东北地区	8.74	6.75	8.74	12.83
中部地区	9.3	7.39	9.72	12.3
西部地区	8.78	7.19	8.78	12.03

二　中国区域经济增长的收敛性

由于中国幅员辽阔，区域间的经济基础和发展条件都存在较大差异，区域经济及其增长的差异十分显著，因此对于我国区域收入收敛的研究吸引了众多国内外学者（Chen & Fleisher，1996；Raiser，1998；Yao & Zhang，2001；蔡昉和都阳，2000；沈坤荣和马俊，2002；覃成林，2008）。佩德罗尼等（Pedroni，2006）运用非参数面板技术对中国省际区域收入进行了实证研究，认为中国改革开放以来的区域经济差异是多方面原因造成的，趋异的趋势难以扭转。坂本等（Sakamoto，2008）运用马尔科夫转换矩阵方法，对中国省际区域人均收入在改革开放前后不同的分布形态进行了研究，认为各区域人均收入是否会收敛仍是一个存在争议的话题。周亚虹等（2009）运用半参数变系数面板数据模型，对中国1978年到2006年30个省份的人均GDP收敛速度进行了研究，认为中国经济增长正从发散转向收敛，收敛速度与人均收入呈负相关。潘文卿（2010）运用空间计量模型检验改革开放后的中国区域经济收敛，认为存在全域范围的β绝对收敛，但1990年前后呈现出不同的收敛特征。覃成林等（2009）运用CART方法，对中国区域经济增长进行俱乐部收敛检验和影响因素分析，发现改革开放以来中国区域经济增长发生了明显的俱乐部收敛。

（一）区域经济增长的σ收敛

在对收敛的测度上，有σ收敛和β收敛之分。σ收敛是指经济体的人均产出的标准差随着时间的推移而减小，侧重于考察人均产出的离散程度。β收敛是指初期人均产出水平较低的经济体趋于比人均产出水平较高的经济体有更快的经济增长，侧重于考察人均产出的增长率。巴罗和萨拉伊马丁对美国、日本、欧洲等国家和地区的研究发现，各国区域经济增长的σ收敛和β收敛都很显著（Barro & Sala-i-Matin，1991、1992、1995）。而且他们还发现各国的β收敛速度均在每年2%左右，这种收敛速度为许多收敛实证研究结果所支持和认可。

标准差用来衡量一组样本相对于平均值的偏离程度。弗里德曼比较赞成使用用标准差或变异系数（CV）来测度离散程度（Friedman，1992）。在收敛研究中标准差方法被称为σ收敛而得到广泛的使用，若随着时间的推移，样本区域的人均GDP的标准差（σ值）变小，则可证明收敛的存在。

对1978—2009年的各省区人均GDP对数进行总体σ值和分地区σ值的测算（图4－2），发现总体σ值的变化分为三个阶段：1978—1990年的收敛阶段（σ值由0.5597缩小到0.5284）、1990—2003年的发散阶段（σ值由0.5284扩大到0.5918）、2003—2009年的收敛阶段（σ值由0.5918缩小到0.5914）。

分地区的σ值可以看出，东部地区的区内差异要远大于东北地区、中

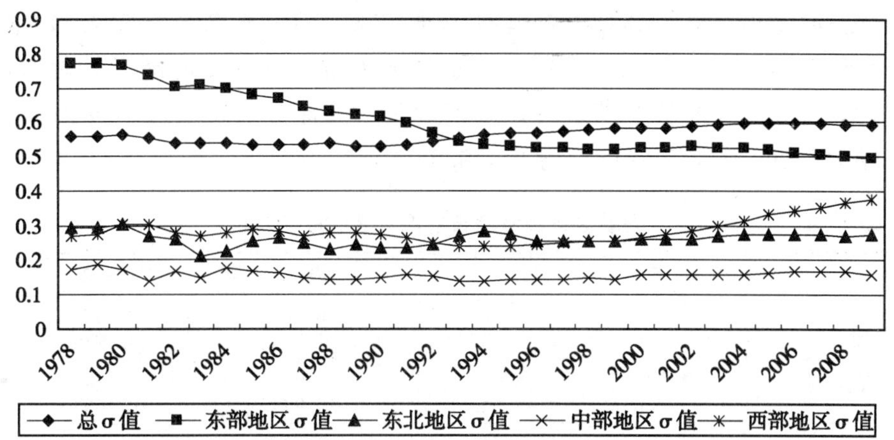

图 4-2　各省区经济增长的 σ 收敛

部地区和西部地区。但东部地区的收敛迹象也比其他地区显著，σ 值从 1978 年的 0.7694 一直缩小到 2009 年的 0.4975。中部地区与东北地区的 σ 值变化相对和缓，没有非常显著的收敛或发散迹象，西部地区的 σ 值变化也比较和缓，但从 2000 年开始呈现出显著的发散特征，σ 值由 2000 年的 0.2641 扩大到 2009 年的 0.3743。

（二）区域经济增长的 β 收敛

1. β 绝对收敛

按照萨拉伊马丁对于绝对收敛的定义，绝对收敛是指欠发达区域的经济增长速度快于发达区域的经济增长速度，绝对收敛表现为区域经济增长率和初始经济水平的负相关（Sala-i-Martin，1996）。

用于检验绝对收敛的经典回归模型是：

$$\gamma_{i,t,t+T} = a - b\log(y_{i,t}) + \varepsilon_{i,t} \qquad (4.1)$$

为测度收敛速度 β，一般把 $b = (1 - e^{-\beta T})/T$ 带入（4.1）式，即采用如下非线性回归方程：

$$\gamma_{i,t,t+T} = a - \left(\frac{1 - e^{-\beta T}}{T}\right)\log(y_{i,t}) + \varepsilon_{i,t,t+T} \qquad (4.2)$$

以上两式中，$\gamma_{i,t,t+T}$是指区域 i 从时间 t 到时间 $t+T$ 之间 T 时段的年均经济增长率，即有 $\gamma_{i,t,t+T} = (1/T)\log(y_{i,t+T}/y_{i,t})$，$y_{i,t}$和 $y_{i,t+T}$为区域 i 在 t 和 $t+T$ 时间的人均 GDP 值，$\varepsilon_{i,t}$为随机误差项。如果模型（4.1）回归结果出现 $b>0$，或模型（4.2）出现 $\beta>0$，则表明被测区域间在时间段 T 内具有绝对 β 收敛。

按照上述经典的绝对收敛模型，对 1978—2009 年各省真实人均 GDP 进行绝对收敛检验（表 4－4）。从整体上来讲，没有发现绝对收敛的证据，关键系数 b 和整个模型估计都不显著。只有在 1978—1990 年时段存在绝对收敛，但收敛速度仅为每年 0.95%。

表 4－4 各省区域经济增长的绝对 β 收敛检验

	1978—2009 年	1978—1990 年	1990—2003 年	2003—2009 年
截距项 a	0.1147*** (5.3278)	0.1209*** (4.7075)	0.0615* (1.7758)	0.1328*** (3.1939)
系数 b	0.0043 (1.1689)	0.0082* (1.8613)	－0.0048 (－0.9307)	0.0024 (0.4663)
R^2	0.0465	0.1101	0.0300	0.0077
D－W 值	1.6550	2.5439	1.1531	1.8759
F 值	1.3664	3.4643	0.8663	0.2174

说明：* 表示在 10% 水平上显著，** 表示在 5% 水平上显著，*** 表示在 1% 水平上显著。

2. β 条件收敛

不同于 β 绝对收敛，β 条件收敛放弃了各个经济体具有相同结构因而会有相同稳态的假设，认为各个经济体具有不同的结构从而收敛于各自的稳态。条件收敛暗含着经济体之间的人均收入差异的长期存在，富裕地区仍然富裕，落后地区依然落后，这种经济体间的持久差异只有通过缩小其收敛条件差异才能改变。条件收敛的提出，增强了新古典经济理论对现实的解释力，具有很强的理论和现实意义。

参照 Sala-i-Martin 对于条件收敛的分析（Sala-i-Martin，1996），经典的条件收敛模型为：

$$\gamma_{i,t,t+T} = a - \left(\frac{1 - e^{-\beta T}}{T}\right)\log(y_{i,t}) + \psi X_{i,t} + \varepsilon_{i,t,t+T} \quad (4.3)$$

可以看出，条件收敛模型与绝对收敛模型的区别是收敛条件变量向量 $X_{i,t}$ 的加入，条件收敛模型的关键是用于区分不同经济体的不同稳态的收敛条件的确定。选取物质资本（Maca）、人力资本（Huca）、人口增长率（Popg）、市场化（Mark）、外商直接投资（Rfdi）、城市化（Urba）、外贸依存度（Fort）、政府参与度（Gove）等变量作为收敛条件变量向量 $X_{i,t}$ 的组成变量。

从 1978 年到 2009 年，取各变量每三年的平均值，即把整个时段分为 8 个子时间段重新构建面板数据，并建立动态面板估计模型：

$$Y_{it} = \alpha Y_{it}(-1) + \beta_1 fpgr + \beta_2 maca + \beta_3 huca + \beta_4 mark + \beta_5 rfdi + \beta_6 popg + \beta_7 fort + \beta_8 urba + \beta_9 gove + \nu_i + \varepsilon_{i,t} \quad (4.4)$$

上式中，Y_{it}代表各时段年均增长率，Fpgr 代表时段初始人均 GRP 对数值。Maca 代表物质资本，用固定资本形成总额占当年支出法计算的 GRP 的比值测度；Huca 代表人力资本，用高等教育人口占地区总人口比例测度；Mark 代表市场化，用工业总产值中非国有经济比重衡量；Rfdi 代表外商直接投资份额，用 FDI 占全部固定资产投资的比重测量；Popg 代表年均人口增长率；Fort 代表外贸依存度，用进出口贸易占 GRP 的比重衡量；Urba 代表城市化，用城镇人口占总人口比重测度；Gove 代表政府参与度，用行政管理费占财政支出比重测量。各变量具体的统计描述见表 4－5。

表 4－5　　变量描述性统计

	平均值	标准差	最小值	最大值	样本数
Y	0. 0921	0. 0306	－0. 0088	0. 2054	240
Fpgr	6. 9563	0. 9711	5. 0378	9. 9040	240
Maca	0. 3549	0. 1276	0. 1217	0. 8116	240
Huca	0. 0054	0. 0065	0. 0005	0. 0372	240
Mark	0. 4873	0. 2511	0. 0634	0. 9498	240
Rfdi	0. 0560	0. 0805	0	0. 4755	240
Popg	9. 8123	4. 8479	－2. 5025	22. 2075	240
Fort	0. 1968	0. 3055	0	1. 5563	240
Urba	0. 2811	0. 1583	0. 0896	0. 8716	240
Gove	0. 0195	0. 0179	0. 0032	0. 1588	240

对模型（4. 4）分别运用面板固定效应模型估计（FE）、面板广义最小二乘估计（FGLS）、一般动态面板估计（DIFF－GMM）、系统动态面板估计（SYS－GMM）等四种方法进行了估计，估计结果见表 4－6。从模型估计结果来看，各省人均 GRP 增长率的滞后项系数为负且在统计上显著，说明滞后期增长率对当期增长率的负向影响，初步显示出区域经济增长收敛的证据。作为条件收敛证据的关键项初始人均 GRP 对数 Fpgr 的系数为负且显著通过检验，充分证明了条件收敛的存在，按照 SYS－GMM

估计的系数得到的收敛速度约为年均3.03%。

在各收敛条件变量中，物质资本、人力资本、人口增长率、市场化、外商直接投资、城市化、政府参与度等变量基本通过检验，是改革开放以来区域经济增长收敛的重要条件，决定了区域经济增长的不同稳态，也是导致区域经济增长差异的主要原因。在各变量中，除人口增长率是制约经济增长的因素外，其他变量都构成对区域经济增长的促进因素。

表4-6　　模型回归结果

	FE	FGLS	DIFF-GMM	SYS-GMM
Y(-1)	-0.264*** (-4.46)	-0.178*** (-3.52)	-0.455*** (-6.75)	-0.365*** (-2.98)
Fpgr	-0.0345*** (-6.13)	-0.0268*** (-6.04)	-0.0446*** (-4.07)	-0.0431*** (-3.24)
Maca	0.137*** (5.64)	0.0659*** (4.40)	0.0905*** (2.61)	0.0923* (1.74)
Huca	2.047*** (-4.13)	2.044*** (5.19)	1.738 (1.47)	1.672 (1.14)
Popg	0.00353*** (-4.34)	-0.00265*** (-5.01)	-0.00264** (-2.42)	-0.00226* (-1.69)
Mark		0.0291** (2.55)	0.0360 (0.99)	0.0307 (0.64)
Rfdi		0.0592** (2.32)	0.133*** (3.03)	0.152*** (3.80)
Urba		-0.0341** (-2.04)	0.0921 (0.71)	0.218** (2.12)
Fort			0.0246 (1.28)	0.0167 (0.70)
Gove			0.920*** (2.73)	0.779*** (3.32)
Constant	0.336*** (8.26)	0.280*** (10.94)	0.352*** (6.47)	0.359*** (7.12)
Arellano-Bond test			0.0019 (0.0348)	0.0007 (0.1346)
Hansen test			0.7002	0.8829
N	210	210	180	210

说明：(1)系数括号内为t检验值，*表示在10%水平上显著，**表示在5%水平上显著，***表示在1%水平上显著。(2)Arellano-Bond test上面为ar(1)检验，下面括号里为ar(2)检验。(3)Hansen test报告的是p检验值。

（三）基于收入动态分布方法的区域经济增长收敛

虽然 β 收敛由索罗模型演绎而来，比较准确地表达了新古典经济学关于经济增长收敛的推理，但也有学者对 β 收敛持比较强烈的批判态度，认为 β 收敛主要有几个方面的缺陷：第一，β 收敛结果受到回归样本和时期选择的影响很大，而这些选择带有主观性，受到研究者个人偏好和先验性选择的影响（Delong，1988）。第二，存在高尔顿经典谬误，导致 β 收敛结果显示收敛，但实际的区域经济差距并未缩小的情况（Quah，1993）。第三，收敛结果可能掩盖只是个别现象的事实，收敛只发生在少数几个样本之间，但用 β 收敛回归却出现整体收敛结果（Bernard，1996）。另外，在计量方面的不严密，也是经典的 β 收敛被指责较多的地方（Rassekh，1998）。

一般认为，β 收敛是 σ 收敛的必要而非充分条件，即如果存在 σ 收敛则一定存在 β 收敛，但存在 β 收敛却不一定存在 σ 收敛。虽然 σ 收敛测度简便，且不像 β 收敛那样受到较多质疑，但 σ 收敛只是反映样本变化的平均情况，不能看出整体收入分布的变化。由奎阿（Quah）提出的“收入动态分布”方法，弥补了 σ 收敛的不足，可以用来观测截面区域整体收入分布随时间的动态变化情况（Quah，1993、1996）。

在实际运用收入动态分布方法进行收敛检验时，核密度估计（kernel density estimation）方法在描述收入分布及其变化方面具有显著优势。对于一组样本 $X = \{x_1, x_2, \cdots, x_n\}$，通常采用的核密度估计函数形式为：

$$\hat{f}_h(x) = \frac{1}{nh}\sum_{i=1}^{n} K(\frac{x - x_i}{h}) \tag{4.5}$$

其中，$K(\cdot)$ 是采用的核函数形式，h 为带宽，不同的核函数和带宽的设定会影响核密度估计呈现不同的图形形态，但带宽的选择比核函数的选择重要得多。在进行核密度估计时通常可选用的核函数有 Epanechnikov 核、三角形核、四次方核、六次方核等，本书采用的核函数形式为高斯核，即采用的核密度估计函数形式为：

$$\hat{f}_h(x) = \frac{1}{nh}\sum_{i=1}^{n} \frac{1}{\sqrt{2\pi}}\exp\left[-\frac{1}{2}(\frac{x - x_i}{h})^2\right] \tag{4.6}$$

本书把带宽 h 设定为 0.2 。

用于核密度估计的数据是各省相对人均 GRP 的对数，即：

$$x_i = \ln(\frac{y_i}{\bar{y}}) = \ln y_i - \ln \bar{y} \tag{4.7}$$

其中，y_i 代表各省真实人均 GRP，$\bar{y}$ 代表各省真实人均 GRP 的平均值。

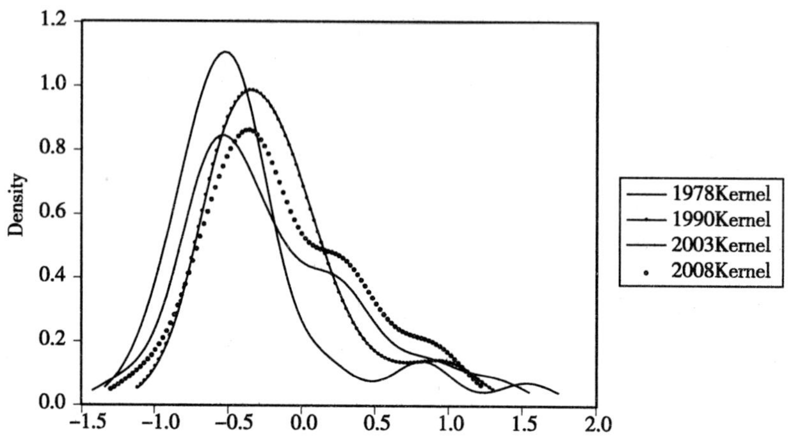

图 4-3　改革开放以来的各省相对人均 GDP 核密度图

使用各省相对人均 GRP 的对数，采用公式（4.6）的核密度估计函数形式，对 1978 年、1990 年、2003 年和 2008 年的各省相对人均 GRP 分布进行了核密度估计（图 4-3）。1990 年的图形与 1978 年的图形相比，整体向右平移，反映出改革开放后各省整体人均收入水平的显著提高，主峰峰顶的降低则显示出发散的迹象。1978 年的“单峰右小双峰”图形演变到 1990 年的“双峰”图形，相对富裕省份的“右小双峰”变为“单峰”，显示出此阶段的收敛主要发生在相对富裕省份之间。1990 年的“双峰”图形向 2003 年的“三峰”形态演变，并且主峰峰顶明显下降，都证明在此段时期趋异成为主要的趋势。2003—2008 年的演变基本上是“三峰”形态的右向平移，反映出整体收入水平明显提高，同时主峰的略微上升也表明出现了收敛的迹象。

第三节　区域内部产业集聚水平与中国区域经济增长

传统经济增长理论较少考虑经济活动的空间分布问题，而经济地理学理论则对此给予充分的关注，其中一个很重要的问题是：经济活动的空间集中是否会促进经济增长？在集聚与增长的关系上，有比较著名的“威廉姆森假说”，该假说的主要观点是，在经济发展早期阶段，由于交通、通信等基础设施较为缺乏，市场可达性受到限制，集聚可以提高效率并对经济增长具有促进作用；但当经济发展到一定的阶段，集聚所产生的拥挤负效应逐渐增强并大于集聚所带来的正效应，扩散反而有利于增长（Williamson，1965）。

新增长理论与新经济地理理论的整合，为此问题的解决提供了新的理论支持。马丁等（Martin，1999）的研究表明集聚与经济增长是相互促进自我强化的过程。藤田等（Fujita，2002）的研究也发现增长和集聚是密切关联并相互影响的。

相对于理论研究，集聚与增长的实证研究明显不足，对于区域内部产业集聚与区域经济增长的研究则更少。格罗塞特等（Crozet，2007）对1980—2000年的欧盟区域内部产业集聚的增长效应进行了研究，发现集聚对区域经济增长具有显著的促进作用，区域内部产业空间分布较集中的地区具有较快的经济增长率。希若哈特和斯博格米（Brülhart & Sbergami，2009）用城市化份额和国家内部空间集中度指数（Theil 指数）来测度集聚水平，研究了1960—2000年世界105个国家集聚水平与经济增长率的关系，实证结果支持“威廉姆森假说”：集聚在早期会促进经济增长，发展到一定的阶段拥挤效应显现对经济增长的效应会降低。

一 模型

对于增长的回归模型估计有两种传统的方法：其一是侧重于考察长期增长（一般在25年或以上）的截面回归，是对初始值或解释变量的平均值进行的回归；另一种是侧重于考察短期循环效应的面板回归。

（一）截面回归

参照 Sala-i-Martin 关于长期经济增长的模型（Sala-i-Martin，2004），本书采用的截面回归模型为：

$$g_i = \alpha y_{i0} + \beta A_{i0} + \psi X_{i,} + \varepsilon_i \qquad (4.8)$$

上式中，g_i 代表各省区人均 GRP 的年均增长率，即 $g_i =$（$1/T$）log（$y_{i,t+T}/y_{i,t}$），y_{i0}代表初始人均 GRP 对数值，A_{i0}表示集聚度，X_i 是一系列控制变量组成的向量。

（二）面板回归

参照一般动态面板模型的设定，采用以下面板回归模型：

$$y_{it} - y_{i,t-1} = \alpha y_{i,t-1} + \beta A_{i,t-1} + \gamma X_{it} + \mu_i + v_t + \varepsilon_{it} \qquad (4.9)$$

其中，y 代表人均 GRP 年均增长率，A 代表产业集聚度，X 代表控制变量向量，本书根据 Sala-i-Martin（2004）关于影响经济长期增长的变量的显著性的讨论，结合中国区域经济增长的实际选取控制变量。μ_i、ν_t 和 ε_{it} 为随机误差项，时间间隔 t 设定为 3 年，即把 1984—2009 年分为 8 个时间间隔。

上式可变形为：

$$y_{it} = (\alpha + 1) - y_{i,t-1} = \alpha y_{i,t-1} + \beta A_{i,t-1} + \gamma X_{it} + \mu_i + v_t + \varepsilon_{it} \tag{4.10}$$

由于面板固定效应 μ_i 的存在，会导致估计偏误。动态面板估计技术通过对上式进行一阶差分消除此影响，并且把潜在的内生变量的当期以及滞后水平作为工具变量，从而在消除内生变量相互间的影响上具有优势。

二 变量

（一）因变量

经济增长率（y）。作为被解释变量的经济增长率，用以 1984 年不变价格衡量的各省人均 GRP 的年均增长率来测度，是每个分析时段的平均增长率。

（二）自变量

滞后一期的增长率（$L.y$）。

产业集聚度（A）。使用各省区滞后一期的 Theil 指数度量产业集聚，各省区 Theil 指数使用省区内部的地级以上城市的就业数据进行计算得到。

（三）控制变量

初始人均 GDP 对数（Fgrp）。以 1984 年不变价格衡量的真实人均 GRP 取自然对数得到，使用各个分析时段的初始年份值。

政府消费份额（Gosh）。用政府消费占支出法地区生产总值的比重来测度。

投资份额（Insh）。用全社会固定资产投资占地区生产总值的比重测度。

人口增长率（Pogr）。用各省区人口自然增长率衡量。

人口密度（Pode）。用地区总人口除以土地面积得到。

高等教育人口比例（Hepr）。用普通高校在校生人数占地区总人口的比例来衡量。

市场化（Mark）。用非国有工业占工业总产值比重衡量。

开放度（Open）。用外贸依存度测度。即把以美元计价的进出口贸易总额按照当年外汇牌价折算为人民币计价，用各省区进出口贸易总额占GRP的比重衡量。

城市化（Urba）。用城镇人口占区域总人口的比重衡量。

控制变量除初始人均GRP对数用每个时段的初始年份的值外，其他控制变量的取值均为每个分析时段的平均值。分析时段从1984年到2009年（以3年间隔分成8个子时段），具体的变量描述性统计见表4-7。

表4-7　变量描述性统计

	最小值	最大值	均值	标准差	样本数
A	0.0201	0.8795	0.2501	0.1862	138
Fgrp	5.9162	8.9736	7.2761	0.7387	138
Gosh	0.0466	0.1889	0.0991	0.0247	138
Insh	0.1989	0.7407	0.3473	0.1208	138
Pogr	1.1783	19.132	9.1945	4.2697	138
Pode	17.8322	710.1647	267.9193	169.7731	138
Hepr	0.6842	137.0411	24.0620	28.9896	138
Mark	0.1200	0.9485	0.5649	0.1477	138
Open	0.0002	1.5164	0.1773	0.2691	138
Urba	0.1155	0.5511	0.2611	0.1073	138

三　回归结果分析

首先对模型（4.8）式运用OLS方法进行了估计，除变量Fpgr外，其余变量均取整个分析时段的平均值，估计结果见表4-8。总体而言，截面回归的效果比较差：除了发现Fpgr的系数显著为正，其他变量系数均未通过统计检验，尤其是我们要重点关注的集聚度变量的系数不显著。这说明用截面回归估计集聚的经济增长效应存在较大的问题，需要寻找面板数据回归方面的证据支持。

在对原始数据进行标准化处理（此处采取去均值化处理方法，即用变量数值减去其平均值）的基础上，运用系统动态面板估计（SYS-GMM）估计技术对模型（4.10）进行了估计，发现整体估计结果明显优于截面回归，具体结果见表4－9。

表4－8　　　　集聚水平与经济增长截面回归结果

	OLS 回归1	OLS 回归2	OLS 回归3
Fpgr	1.54e－02*** (24.7377)	1.79e－02*** (5.4154)	1.02e－02 (1.0639)
A	－1.25e－04 (－0.0113)	－6.72e－04 (－0.0559)	1.09e－02 (0.9688)
Gosh		2.3e－02 (0.2219)	8.4e－02 (0.7306)
Insh		－3.95e－02 (－0.5225)	9.64e－02 (1.0715)
Pogr		－6.26e－04 (－0.5609)	－1.4e－03 (－0.7269)
Pode			2.61e－05 (0.9664)
Hepr			3.82e－05 (0.0741)
Mark			2.52e－04 (0.0925)
Open			1.97e－02 (1.5816)
Urba			－4.88e－02 (－0.7383)
R^2	0.1203	0.1659	0.5518
N	23	23	22

我们尝试使用5个模型估计（4.10）式，模型（1）和模型（2）均未考虑控制变量，（2）与（1）的区别是加入了城市化变量，模型（3）在（1）的基础上加入了控制变量，模型（4）是把产业集聚A作为内生变量处理，模型（5）是在（2）的基础上考虑控制变量，并把产业集聚A和城市化Urba均作为内生变量处理。从估计结果来看，模型（1）和（2）由于未考虑控制变量，集聚增长效应不能分离出来，各系数的显著性均未能通过检验。模型（3）在考虑了控制变量后，能够提取出集聚的增长效应，系数显著性有了很大程度的提高。模型（4）和（5）更为符合本文集聚与经济增长内生的理论假设前提，模型（4）在把集聚内生处理后，各系数显著性和模型拟合度有了很大的提高，并且从集聚一次项系数为正、二次项系数为负上，体现出集聚增长效应的“威廉姆森假说”。从模型（5）和模型（4）的估计结果看，在考虑城市化影响后，产业集聚的经济增长效应有所减弱，

说明城市化和产业集聚是互相影响的过程，此外变量系数显著性和模型拟合度的提高，也都使我们最终采用模型（5）的估计结果。

从各控制变量的系数看，除政府消费份额和人口增长率两个变量为负外，其余均为正值，说明城市化、投资份额、人口密度、市场化、高等教育人口比例、市场化、开放化等都是促进区域经济增长的因素。其中最为显著的三个变量是市场化、投资份额和城市化，说明市场化、投资份额和城市化是我国区域经济增长的主要动力，也是导致我国区域经济增长差异的主要因素。城市化二次项系数为正，说明城市化没有出现“威廉姆森假说”效应，城市化仍是我国区域经济增长的动力。在考虑控制变量以及内生因素后，产业集聚的增长效应被提取出来，并且其二次项系数显著为负，说明产业集聚的增长效应符合“威廉姆森假说”，集聚在初期会促进经济增长，但集聚发展到一定程度反而阻碍了经济增长。

表 4－9　　集聚水平与经济增长面板回归结果

	(1)	(2)	(3)	(4)	(5)
L. y	－0.1321 (－0.05)	2.4579 (1.01)	－4.5861 (－1.51)	2.8822** (2.06)	2.3076 (1.62)
L. A	0.0107 (0.46)	0.0437 (1.27)	0.0686* (0.85)	0.0822** (1.91)	0.0367** (1.74)
(L. A) 2	－0.0587 (－0.66)	－0.1446 (－1.21)	－0.1206 (－0.68)	－0.0908* (－1.34)	－0.1563** (－2.46)
(L. A) ×Fgrp	0.0221 (0.53)	0.0454 (0.65)	0.1429* (1.65)	0.0771 (0.177)	0.0869* (1.75)
Fpgr	0.1865 (0.19)	－0.8223 (－0.90)	0.0708* (2.08)	－1.2009** (－2.33)	－0.9643** (－1.86)
Urba		0.0656 (0.42)			0.1145* (1.49)
Urba2		－0.2554 (－0.25)			0.8054* (1.28)
Urba×Fgrp		－0.0831 (－0.28)			0.4139 (1.64)
Insh			0.1263*** (4.56)	0.1164*** (4.44)	0.1221*** (3.89)
Gosh			－0.0069* (－0.929)	－0.0052* (－0.889)	－0.0043* (－0.901)
Pogr			－0.0007 (－0.52)	－0.0008* (－1.26)	－0.0012* (－1.31)
Pode			0.0006 (0.34)	0.0004* (0.589)	0.0009* (0.826)

续表

	(1)	(2)	(3)	(4)	(5)
Hepr			0.0081 (0.45)	0.0109 ** (2.09)	0.0233 * (1.59)
Mark			0.0535 *** (2.12)	0.1832 *** (5.33)	0.1593 *** (3.64)
Open			0.0171 *** (2.45)	0.0509 *** (2.95)	0.0472 *** (1.72)
constant	0.0013 (0.36)	0.0379 ** (2.36)	-0.0002 (-0.0031)	0.0048 (0.93)	0.0028 (0.43)
AR (1)	-2.7772 (0.0055)	-2.5321 (0.0113)	-2.198 (0.0279)	-1.7208 (0.0853)	-2.1397 (0.0324)
AR (2)	-1.0734 (0.2831)	-0.8888 (0.3741)	-0.5343 (0.5931)	-1.3961 (0.1627)	-1.2967 (0.1948)
sargan test	48.3743 (0.0010)	42.6112 (0.0053)	16.6343 (0.5478)	103.2727 (0.6705)	128.2596 (0.5034)
N	115	115	115	138	138

说明：(1) 使用 SYS - GMM 估计，估计结果由 stata11.0 给出。(2) 系数括号内为 t 检验值，* 表示在 10% 水平上显著，** 表示在 5% 水平上显著，*** 表示在 1% 水平上显著。(3) AR (1) 检验和 AR (2) 检验为 Arellano - Bond test 的 z 值及其 p 值。

交互项的加入，给直接测度集聚与区域经济增长的关系带来困难，本书借鉴布若哈特等（2009）的做法，以经济增长率离差除以集聚度 Theil 指数离差作为纵轴，以初始人均 GRP 对数作为横轴绘制散点图（图 4 - 4）。散点图显示集聚的增长效应对于落后地区更为显著，初始发展水平较低的云南、广西、陕西等集聚的增长效应明显；而发达地区则出现集聚对经济增长的负效应，比如山东、江苏、浙江等。

以 1984—2009 年各省人均 GRP 对数的平均值作为横轴，以经济增长率离差除以集聚度 Theil 指数离差作为纵轴重新绘制散点图（图 4 - 5），进一步证实了以上集聚与增长的“威廉姆森假说”，拟合线穿过附近约 12 个省区，集聚的增长效应在相对落后地区表现更加明显，比如云南、广西、安徽、湖南、陕西等省区；集聚的增长负效应比较明显的省区是山东、江苏、浙江。

为了比较清楚地观察我国各省区集聚增长效应的空间分异，我们进一步在图 4 - 5 的基础上，把横轴等分为三个部分，把纵轴等分为两个部分，绘制成图 4 - 6。图中，以横轴为标准，可以把各省区分为高、中、低三个发展水平层次，以纵轴为依据，可以把各省区分为集聚增长效应为正和

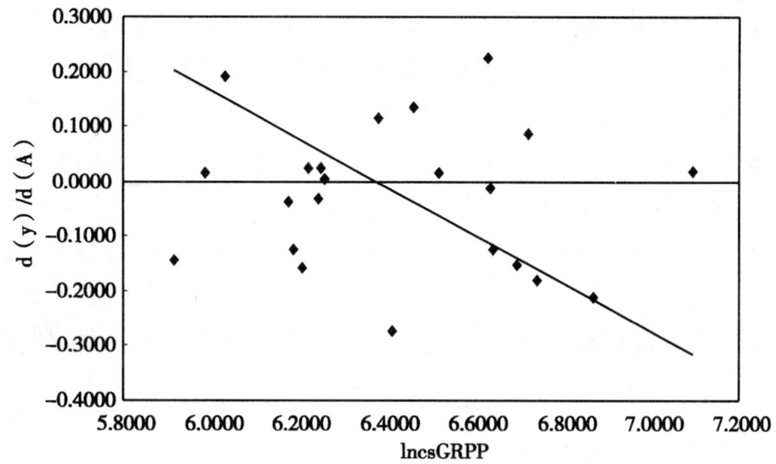

图 4-4 集聚增长效应的散点图

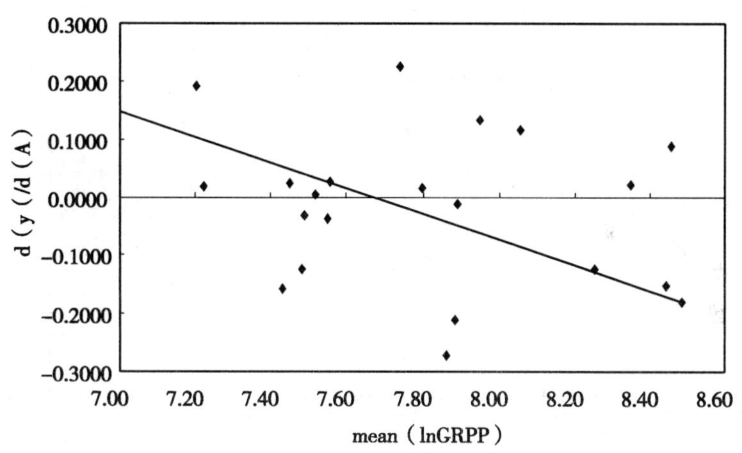

图 4-5 集聚水平与经济增长的散点图

集聚增长效应为负两种情况。也就是说，可以把图中的各省区划分为 6 种象限类型。其中，山东、浙江和江苏属于高发展水平且集聚增长效应为负的类型，这些区域已经进入到高水平均衡阶段，是区域经济发展的比较理想的状态。福建、广东和辽宁属于高发展水平且集聚增长效应为正的类型，说明其内部还存在比较大的区域经济差距，需要在发挥集聚增长效应和促进区域经济协调发展间寻求平衡。山西、内蒙古、湖北、陕西和安徽属于中等发展水平且集聚增长效应为正的类型，属于此种类型的省区应采取进一步促进集聚的政策，充分发挥集聚的经济增长效应；甘肃、河南、四川、江西、吉林、黑龙江和河北属于中等发展水平且集聚增长效应为负的类型，此种类型的区域内部缺乏具有较强影响力的增长极核，成为制约经济发展的重要因素，应大力培育区域中心城市和城市群，以增强集聚对于经济增长的促进作用；云南和广西属于低经济发展水平且集聚增长效应为正的类型，此种类型的区域需要继续发挥集聚增长效应，促进区域经济快速发展；贵州属于低经济发展水平且集聚增长效应为负的类型，这是在所有类型中最差的，因为缺乏有效的增长极，区域经济发展水平难以有效提高，培养具有区域经济发展带动作用的增长极是其发展的关键所在。

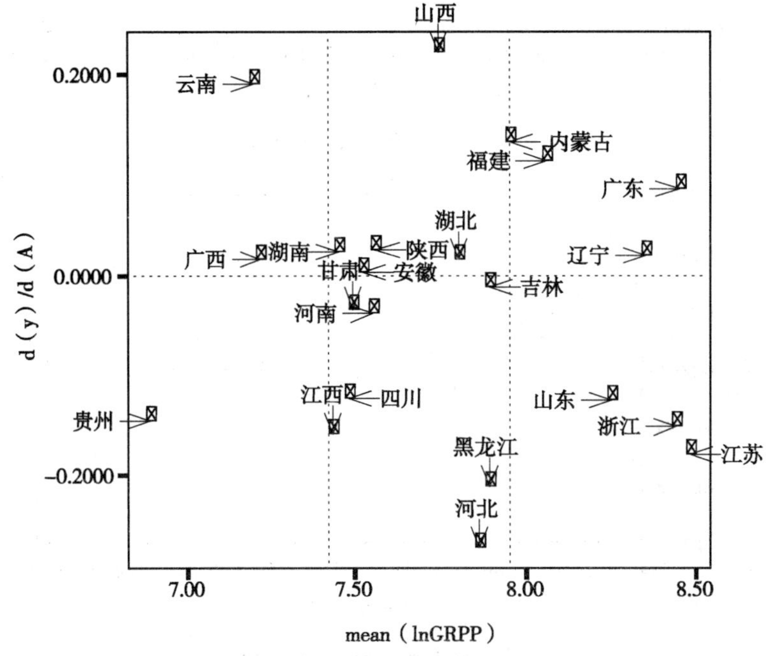

图4-6　各省区集聚增长效应的空间分异

四　集聚水平与区域经济增长的动态演化

区域经济发展往往呈现出阶段性，不同发展阶段上的产业结构、空间结构都会发生相应的变化，这种变化也必然会影响到区域内部产业集聚水平及其对经济增长的影响上。

在区域经济发展阶段论中，比较有代表性的理论有胡佛—费希尔的区域经济增长阶段理论和罗斯托的经济成长阶段理论。胡佛—费希尔把区域经济增长的阶段次序划分为：自给自足阶段、乡村工业崛起阶段、农业生产结构转换阶段、工业化阶段和服务业输出阶段。罗斯托则把国家和区域经济增长划分为6个阶段：传统社会阶段、为起飞创造前提条件阶段、起飞阶段、成熟阶段、高额消费阶段、追求生活质量阶段。虽然胡佛—费希尔和罗斯托在区域经济增长的具体阶段划分上存在分歧，但都承认区域经济增长与发展的非线性和阶段性特征，区域经济发展过程中既有经济增长缓慢的阶段也有经济快速增长的阶段，而且都把区域产业结构的高级化和产业的不断升级作为区域经济增长的巨大推动力量。

在区域经济发展的早期，以农业经济为主，区域经济空间结构表现为均质化特征；而在区域经济发展到工业化阶段，产业、人口向城市集聚，城乡发展差距拉大，区域空间结构表现为非均衡特征，因此区域经济发展的不同阶段的空间结构也存在差异。区域空间结构演变阶段理论把区域空间结构的演变划分为4个阶段：低水平均衡阶段（农业社会的典型空间形态）、极核式集聚发展阶段（前中期工业化社会的典型空间形态）、由极核扩散发展的阶段（中后期工业化社会的典型空间形态）、高水平的均衡阶段（后工业化社会或信息社会的典型空间形态）（聂华林等，2006）。从以上分析可以看出，区域经济发展不同阶段具有不同的区域经济结构特征，集聚力与扩散力的力量对比不同，从而具有不同的集聚水平，集聚的经济增长效应也会发生变化。区域经济发展的早期阶段以农业为主，区域空间结构属于低水平均衡阶段，此阶段的集聚水平低、集聚增长效应也小。区域经济发展到前中期工业化社会，区域空间结构属于极核式集聚发展阶段，集聚成为经济发展的重要动力，工业化过程中产业、人口的空间集中有利于充分发挥集聚经济效益，在此阶段集聚水平不断提高，集聚的经济增长效应也最为显著。区域经济发展到中后期工业化社会和后工业化社会，集聚拥挤效应和集聚不经济逐步增强，经济活动趋于扩散，区域空间结构属于由极核扩散发展的阶段和高水平均衡的阶段，此阶段的集聚水平不断降低并在后期维持较低的水平，集聚增长效应表现为负效应。

我国幅员辽阔，区域经济差异显著，不同省区所处的区域经济发展阶段也有较大的差异。我们可以用各地工业化水平来大致衡量各地区域经济发展差距。根据陈佳贵等（2007）的分析，我国各地区的工业化水平存在很大差异，比如长三角和珠三角地区已进入工业化后期的后半阶段，而大多数中西部省份仍然处于工业化初期阶段。因此，从区域经济空间结构演变阶段上看，沿海一些经济发达省区已经步入由极核扩散发展的阶段和高水平的均衡阶段，而一些中西部地区则还处在极核式集聚发展阶段。

区域经济所处发展阶段不同，导致区域内部的产业集聚水平对经济增长的影响也不同。我们用来测度区域经济内部产业集聚水平的 Theil 指数指标，是基于地级以上城市就业数据的，因而受到省区层面的区域经济空间结构变动的很大影响。沿海经济发达地区的区域经济结构已经步入由极核扩散的阶段和高水平的均衡阶段，所以 Theil 指数较低，集聚的增长效应为负效应，比如江苏、浙江、山东等。但广东和福建的 Theil 指数却较高，并且集聚的增长效应比较明显，主要原因是两省虽属经济发达地区，但区域内部差异显著，比如广东经济发达地区主要集中在珠三角少数城市，粤北经济欠发达；福建经济发达地区主要集中在东部沿海，闽西经济则相对落后。中西部地区的区域经济结构还处于极核式集聚发展阶段，集聚对经济增长的促进作用明显，比较典型的省区是云南、广西、陕西、安徽等省区。但一些落后省区缺乏具有较强带动作用的增长极，集聚增长效应表现为负效应，比如贵州、四川、江西等省区。

第四节　产业集聚的空间依赖特性

一　产业集聚空间依赖性的表现

产业集聚的空间依赖性，是指产业倾向于在某些地方集聚且对当地的自然、经济或社会条件产生依赖，从而不愿向外迁移的现象。产业集聚的空间依赖性在大的空间尺度上，表现为产业集中分布于城市而非乡村。城市能为产业发展提供较好的基础设施和经济技术条件，从而吸引产业和人口的集聚。从小的空间尺度上，产业集聚的空间依赖表现为企业集中分布在城市中的工业园区。产业向园区的集中，有利于节约和合理利用土地资源，提高水电、能源等基础设施利用效率，加强企业间的交流，便于集中统一管理。从中观尺度上看，产业集聚的空间依赖性表现为企业或产业倾向于集中在特定的地区。表现在不同产业具有不同的产业特性决定了其分布具有空间指向性，像煤炭石油开采等资源密集型产业倾向于布局在资源丰富的地区，纺织、服装玩具制造等劳动密集型行业集中分布于劳动力资源丰富的地区，软件开发等知识密集型行业则倾向于分布在高等院校和科研院所集中的地区。

产业集聚的空间依赖性，从根本上表现为企业的本地根植性，即企业一旦在某个地区落户扎根，就不愿再往外迁移。企业在进行区位选择时要考察和比较拟落户地的投资环境，包括政治环境、经济社会环境等，而一旦决定了区位选择，兴建了厂房、购置了设备并开工生产，就具有了固定资产迁移成本，如果企业迁移到外地就会遭受到损失。企业在某地落户后，与当地企业和相关机构建立了比较稳定的业务联系，适应和熟悉了当地的发展环境，使得企业倾向于在本地发展。尤其是相关企业间长期密切合作和生产关联构建的企业网络和产业集群，使企业可以共享劳动力、技术信息等，产供销各环节上的相关配套产业，都大大降低了企业生产成本，如果企业迁往外地，会丧失在产业集群中获得的成本优势，这些因素都导致企业具有本地根植性特征。

二　产业集聚空间依赖性产生的原因

产业集聚空间依赖性产生的原因是多方面的，产业对特定区域的要素依赖是其中之一。一些地区因具有在能源原材料、劳动力、资本、技术等某个要素方面的独特优势，成为吸引特定产业集聚的动力源。比如有色金属冶炼及压延加工业倾向于集聚在有色金属资源丰富且能源丰富的地区；通用设备制造、专用设备制造等行业倾向于集聚在资金与技术密集的地区；食品制造业倾向于分布在靠近消费市场的地区等。随着经济社会发展，交通等基础设施的完善，传统的原材料、劳动力要素对产业分布的制约趋于弱化，而知识技术要素对产业分布的影响逐步增强。

企业在一个地区形成的社会关系网络是产业集聚空间依赖性形成的第二个原因。企业长期在某个地区，会与其他企业和机构形成基于生产、技术、市场、信息、服务等方面的关联网络，这种密切的关系网络大大降低了企业的信息搜寻成本和交易成本，并与相关企业形成规模经济效应，使企业获得外部性好处。产业集群是这种企业间关系网络发育最好的一种类型，在集群中的企业具有基于上下游关系的生产技术上的密切协作，又拥有比较完善的生产配套服务体系，可以产生强大的集群经济效应。比如浙江经济的发展就与集群经济的推动密切相关，集群经济占到全省工业总产值的50%以上，如义乌的小商品、绍兴的轻纺、嵊州的领带、永康的小五金、桐庐的制笔、温州的皮鞋、诸暨的袜业、海宁的皮革等著名的产业集群驰名海内外。特别是以义乌小商品城为代表的专业市场与产业集群相结合的发展模式，拓展了企业的市场空间，更成为产业集聚空间依赖的诱因。

产业集聚的空间依赖性的形成还来自于投资环境因素。投资环境包括宏观投资环境和微观投资环境，宏观投资环境包括政治环境、经济环境、制度文化环境等，微观环境包括供应商、销售商、竞争者等。一个地区给企业提供完善的基础设施服务，在土地、税收等方面提供比较有吸引力的优惠政策，有比较好的经营环境和法律保障等，都能成为吸引企业、留住企业的重要因素。

三　产业集聚空间依赖性的影响

产业集聚空间依赖性的影响首先表现在对区域经济差距的影响方面。产业集聚的空间依赖性导致企业向特定区域集聚，产业集聚所形成的规模经济效应又吸引新的企业加入，这就产生了类似于滚雪球似的产业集聚的自我强化机制，促使产业集聚规模不断发展壮大。与此相反的是，落后地区由于投资环境差，缺乏吸引产业集聚的优势条件，不能形成有效的产业集聚。这种产业集聚区和非集聚区的发展差距，在循环累积因果律的作用下具有扩大的趋势。

产业集聚空间依赖性的影响还表现在产业转移方面。产业集聚的空间依赖制约了正常的产业转移，不利于缩小区域经济差距和实现区域经济协调发展。产业集聚是集聚力和扩散力共同作用下的结果，集聚力量来自于规模经济和外部性的好处，扩散力量则来自于过度集聚所带来的土地地租的上涨、劳动力成本的上升、拥塞和环境污染等。对于产业集聚区而言，集聚过程是动态演化的，在集聚的早期和中期阶段，集聚力大于扩散力，产业以集聚为主；在集聚的后期阶段，扩散力大于集聚力，产业以扩散为主。产业集聚的后期一些夕阳产业的扩散，尤其是向欠发达地区的转移，有利于欠发达地区的经济发展；同时，这种产业转移也有利于产业集聚区的产业升级和产业结构调整，促使其实现可持续发展。但是由于存在产业集聚空间依赖性，制约和阻碍了正常的产业转移，不利于区域经济协调发展的实现。

四　产业集聚空间依赖的破解途径

（一）加快东部地区产业结构升级

产业转移的一个重要条件，是转移地已经发展了更高层次的产业并逐步占据主导地位，才可能将低层次的产业转移出去。东部新的主导产业尚没有形成气候，采取措施加快东部地区产业结构升级是加快产业转移的前提。东部地区应大力发展高新技术企业，发展先进制造业与现代服务业，用先进技术改造提升传统产业，不断推进产业结构调整升级。注重自主创新和研发，加大对新能源、节能环保、新材料、新一代信息技术、高端装备制造、新能源车、生物产业等战略新兴产业的研发投入，争取在新一轮国际产业分工中占据有利地位，逐步形成新的知识技术密集型的主导产业。在承接国际产业转移中，着重于承接处于产业链高端的研发、设计等环节，以带动本地产业结构升级。

东部地区要加快经济增长方式转变，促使经济增长由过去主要依靠资源要素投入转变到主要依靠技术进步和科技创新上来，率先实现创建“资源节约型、环境友好型”社会的目标。坚决限制高耗能、高污染行业发展，淘汰落后产能，推广节能技术，降低单位 GDP 能耗，推进企业节能减排。对企业生产制定实施严格的环保标准，加强对企业排污的监管，加大企业排污成本。深入推进资源类产品价格改革，改变资源类产品价格使其能正确反映资源稀缺性特点，促使企业节约资源，发展循环经济。

（二）增强中西部地区产业承接能力

为增强产业承接能力，中西部地区应加快工业化进程，以信息化带动工业化，走新型工业化之路。根据各地实际情况和比较优势原则，确定重点培育和发展的特色优势产业。围绕特色产业的培育发展相关配套产业，争取形成具有竞争力的特色产业集群，以改善产业转移的产业承接环境，增强对转移产业的吸引力。根据本地产业发展长期规划确定重点承接产业，使产业承接有规划、有目标、有重点，并能与促进区域经济的长远发展有机结合。

从多方着手，全面改善中西部地区的投资软硬环境。加强交通、通讯等基础设施建设，发展物流产业，降低物流成本。完善工业园区周边必需的生活设施配套，引导转移产业向园区集中。完善土地、劳动力等各种要素市场，为转移产业提供土地、劳动力、资金、技术等方面的支持。贯彻落实科教兴国战略，大力发展科技教育事业，支持职业技术教育和职业培训的发展，为转移产业提供充足的人才资源与智力支撑。简化行政审批流程，利用“一站式办公”和“网上办公”等形式，方便企业办事，提高政府办事效率。深化行政管理体制改革，坚持依法行政，减少对企业的行政干预。

（三）加强区际产业转移有效对接

为解决由于过大的技术梯度差距而带来的区际产业对接问题，必须提高中西部地区的产业技术水平与企业管理水平，缩小区际技术差距。中西部地区应鼓励和支持企业进行科技创新，通过引进新的生产设备与工艺流程、促进新产品的研发等形式促进产业技术进步与升级。学习东部地区企业和国外企业先进的技术与管理经验，不断提升技术水平与管理水平。

加强区际产业转移的统筹协调，在产业转移流量较大的区域间，建立跨区域的产业转移促进与协调机构，平衡产业转移地与承接地的利益诉求，化解区际矛盾冲突。统筹协调产业承接地之间的产业分工，明确各自重点承接产业，防止出现在承接产业转移上的恶性竞争。优化产业布局，通过共建承接产业工业园区，减少重复建设和资源损耗。

搭建促进产业转移有效对接的信息平台，为中西部地区宣传投资环境、公布招商项目服务，为东部地区搜寻最佳的产业承接地、发布投资项目服务。信息平台及时披露最新的产业转移政策与投资招商项目信息，使其成为产业转移地与承接地政府、企业间沟通的桥梁，以及洽谈合作意向、交流供求信息的场所。信息平台的形式可以多样化，既可以通过电台、报刊、网站等现代媒体，也可以是贸易促进会、商贸洽谈会等传统交流方式。充分发挥行业协会、商会等机构在产业转移中的中介作用，实现区际产业转移的多渠道畅通对接。

（四）完善促进产业转移体制机制

深化行政管理体制改革，加快政府职能转变。完善政府管理与服务，进一步简政放权，减少行政审批，简化办事程序，优化政务环境，提高行政效能。改革地方政府政绩考核制度，改变单纯以 GDP 考核政绩的状况，树立新的政绩观，建立综合指标的政绩考核体系，引导政府职能转变。

深化经济体制改革，完善市场体系，发挥市场在产业转移中的基础作用，推动资金、人才、技术等要素跨区域自由流动。保障企业在产业转移中的主体地位，做好转移企业工商登记的跨区衔接。完善土地、资本、劳动力、技术等要素市场，促进生产要素的合理优化配置。大力发展非公有制经济，进一步放宽市场准入，扩大民间投资的领域和范围。

加强区域经济合作，构建区域经济合作长效机制。本着互利共赢的原则，开展多种形式的区域经济合作，促进产业转移地与产业转出地的地方政府、企业、中介机构等的交流合作。建立区际产业转移统筹协调机制，引导和鼓励东部沿海地区产业向中西部地区有序转移。东部地区结合产业转移，在资金、技术、人才等方面，对中西部地区进行对口支援、对口帮扶。创新园区管理体制和运行机制，支持中西部地区产业承接地之间、中西部地区产业承接地与东部地区产业转移地之间，通过多种形式合作共建产业园区。

第五节　产业集聚与中国区域经济增长的空间计量分析

一　产业集聚与区域经济增长的空间分布分析

以1978年不变价格测算1978—2009年各省区人均GRP增长率（其中重庆的增长率为1997—2009年），并用空间计量软件GeoDa绘制出其空间分布的四分位图（图4－7）。从中可以看出，改革开放以来我国区域经济增长呈现出明显的空间分异，增长率大致呈阶梯状由东南沿海向西北内陆降低，沿海的江苏、浙江、福建经济增长率最高在第一梯队，内蒙古和广东在第二梯队，东北地区和中部地区各省大多在第三梯队，西部地区各省大多在第四梯队。

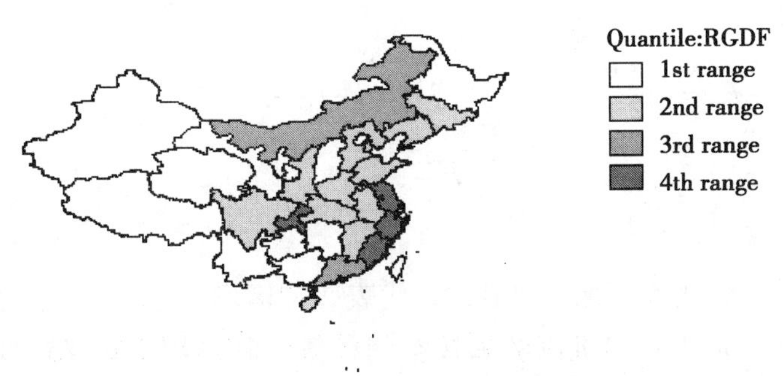

图4－7　1978—2009年人均GRP增长率空间分布

使用地级以上城市的就业数据，计算了1984—2009年各省（样本区域剔除了北京、天津、上海、重庆四个直辖市，以及地级市较少的几个省区）内部产业集聚Theil指数，并以其整个时段的平均值绘制四分位图（图4－8）。从中可以看出，产业集聚度也大致有从东南沿海向西北内陆

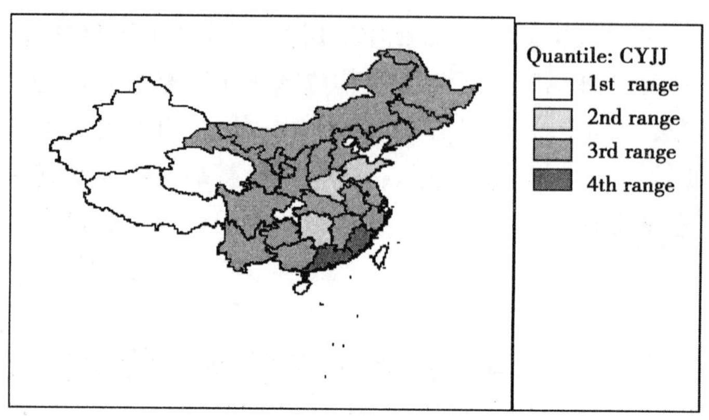

图 4-8　1984—2009 年产业集聚（Theil 指数）空间分布

降低的趋势。

二　产业集聚与区域经济增长的空间自相关分析

（一）全域空间自相关（Moran's I）分析

按照空间计量经济学的观点，一个地区的经济现象或经济数值往往不是孤立存在的，而是受到相邻空间同一现象或经济数值的影响，这种空间数据的相关性被称为空间自相关。莫兰指数（Moran's I）是一种通用的测量空间自相关的方法，其计算公式为：

$$I = \frac{\sum_{i=1}^{n}\sum_{j=1}^{m} w_{ij}(x_i - \bar{x})(x_j - \bar{x})}{s^2 \sum_{i=1}^{n}\sum_{j=1}^{m} w_{ij}} \tag{4.11}$$

上式中，x_i 代表区域 i 的值，x_j 代表邻近区域 j 的值，s^2 代表 x 值与其均值的方差。w_{ij} 代表二进制的邻接空间权值矩阵，用于定义空间对象的相互邻接关系。一般按邻接关系把其定义为相邻取 1，不相邻取 0。

一般而言，莫兰指数的取值介于 -1 和 1 之间，取值越接近 1 越表明存在正相关关系，取值越接近 -1 越表明存在负相关关系，取值接近于 0 则表示不存在相关关系。

运用空间计量软件 GeoDa，首先建立各省二阶 Rook 邻接矩阵作为空间权值矩阵，然后对于各省经济增长率（以 1978 年不变价格测算的 1978—2009 年各省区人均 GRP 增长率）按照公式（4.11）计算莫兰指数

(图4－9)。发现莫兰指数为0. 3943，表明区域经济增长存在显著的正自相关关系，即经济增长率高的地区与经济增长率高的地区邻近，经济增长率低的地区与经济增长率低的地区邻近。

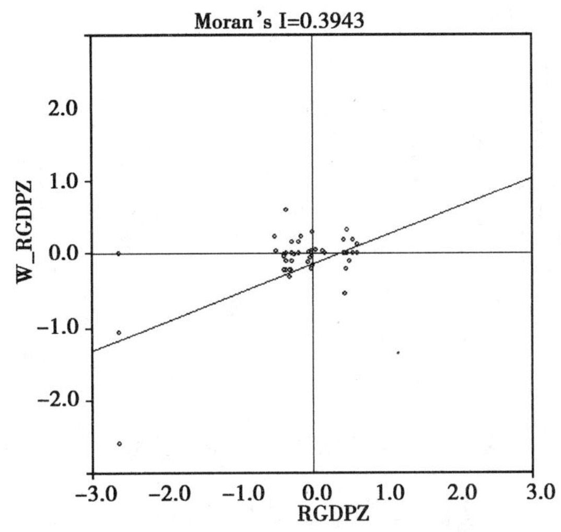

图4－9　1978—2009年人均GRP增长率Moran’s I散点图

运用同样的方法，对1984—2009年各省（样本区域剔除了北京、天津、上海、重庆四个直辖市，以及地级市较少的几个省区）内部产业集聚Theil指数均值计算莫兰指数，并绘制散点图（图4－10），发现莫兰指数值为0. 1618，表明区域产业集聚存在明显的空间自相关关系，产业集聚度高的地区相互邻接，产业集聚度低的地区的分布相互邻近。

由于我们比较关注产业集聚对区域经济增长的影响，对产业集聚和区域经济增长测算双变量莫兰指数，并绘制Moran's I散点图（图4－11）。发现Moran's I达到0. 1773，说明产业集聚对区域经济增长的影响具有正空间自相关特征，也就是说，产业集聚对区域经济增长正向促进的地区相互邻近，产业集聚对区域经济增长负向影响的地区相互邻近。

（二）局域空间自相关（LISA）分析

局域空间自相关分析的优势在于其把经济数据空间分布划分为高高、高低、低低、低高（HH、HL、LL、LH）4种聚类模式，从而能够比全域空间自相关更为细致地刻画空间自相关状况。运用空间计量软件GeoDa，对各省产业集聚水平（1984—2009年Theil指数平均值）进行局域空间自相关（LISA）分析（图4－12和图4－13）。

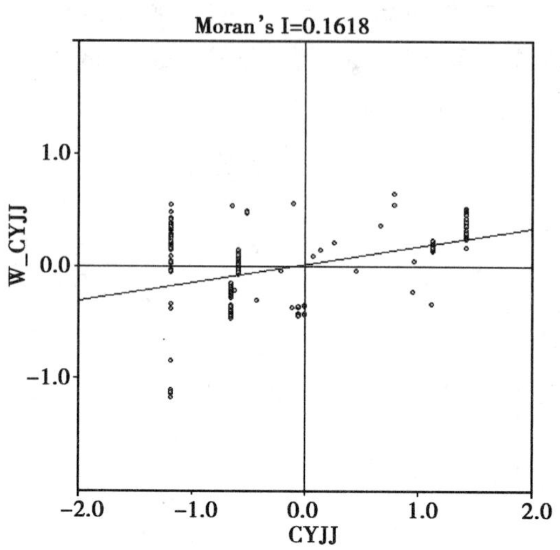

图 4-10 1984—2009 年产业集聚（Theil 指数）Moran's I 散点图

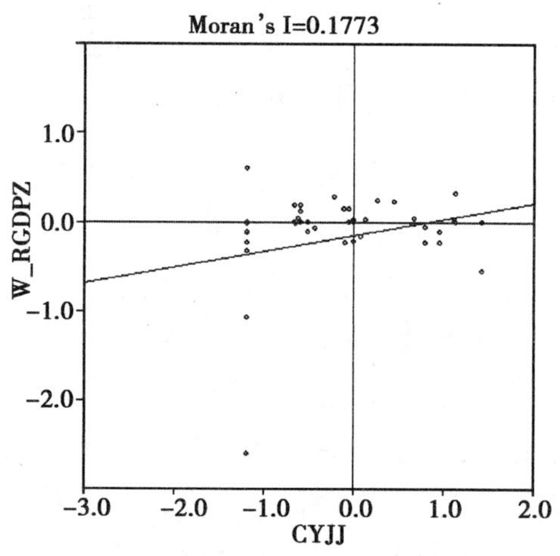

图 4-11 产业集聚与区域经济增长 Moran's I 散点图

从图 4-12 中可以发现产业集聚分布的 4 种空间自相关类型：广东、福建、江西、湖北、贵州属于高高类型，山东、江苏、安徽、河南、山西、吉林、辽宁属于低低类型，内蒙古、陕西、河北属于高低类型、云南、广西、湖南、浙江属于低高类型。图 4-13 说明，以上产业集聚空间自相关类型的划分具有较高的显著性水平。

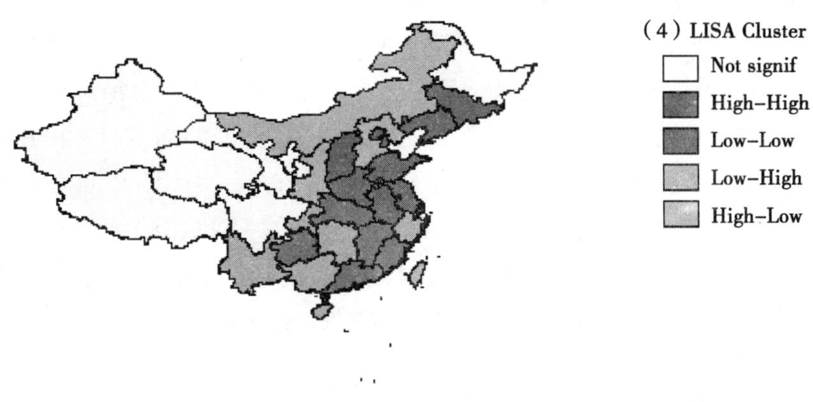

图 4-12　产业集聚局域空间自相关聚类图

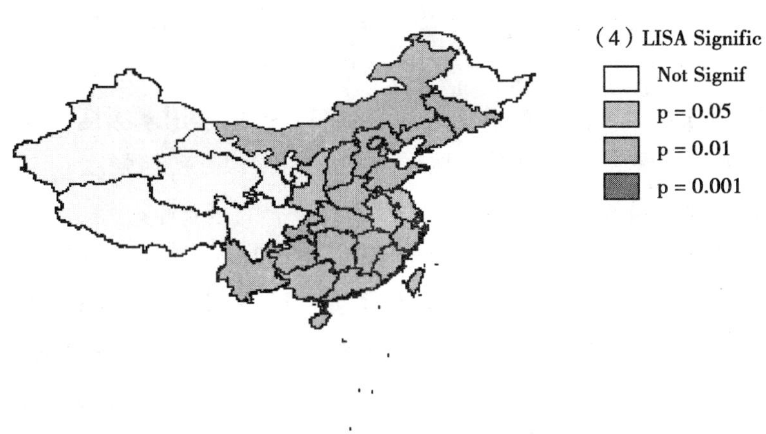

图 4-13　产业集聚局域空间自相关显著性水平

三　产业集聚与区域经济增长的空间计量模型分析

(一) 空间计量模型

空间计量模型是适用于截面数据的常系数回归模型，一般把空间计量模型分为空间滞后模型（SLM）和空间误差模型（SEM）两类。

1. 空间滞后模型

空间滞后模型用来分析一个地区的经济行为对其他相邻地区或整个系

统的经济行为所产生的影响。空间滞后模型的形式为：

$$y = \rho Wy + X\beta + \varepsilon \tag{4.12}$$

式中，y 为被解释变量向量，X 为解释变量向量，Wy 为相对于空间权值矩阵 W 的空间滞后因变量，ε 为正态分布的随机误差向量，ρ 和 β 为待估系数。空间滞后因变量 Wy 是一内生变量，反映了空间距离对被解释变量的影响。ρ 是测度空间自相关强度的系数，反映了相邻区域的观测值对本地区观测值的影响方向和程度，也可以用来揭示被解释变量是否存在空间溢出效应。系数 β 主要反映了自变量 X 对因变量 y 的影响。

2. 空间误差模型

空间误差模型用于分析地区间相对位置的不同对地区间经济行为相互作用所产生的影响。空间误差模型的一般形式是：

$$y = X\beta + \varepsilon \qquad \varepsilon = \gamma W\varepsilon + \mu \tag{4.13}$$

式中，y 为被解释变量向量，X 为解释变量向量，W 为空间权值矩阵，ε 为空间自相关误差项，μ 为正态分布的随机误差向量，β 和 γ 为待估系数。系数 β 反映了自变量 X 对因变量 y 的影响。系数 γ 用来测度空间自相关强度，即相邻地区的观测值对本地区观测值的影响方向与强度。

3. 模型选择与检验

对于在实际模型设定时是选择空间滞后模型还是空间误差模型，常用的统计检验包括 Moran's I 检验、LM 检验（LM – Error 和 LM – Lag）、稳健的检验 LM 检验（RLM – Error 和 RLM – Lag）等。安塞林（Anselin 等，2004）给出了以下判别准则：若在检验中发现 LM – Lag 较之 LM – Error 在统计上更加显著，且 RLM – Lag 显著而 RLM – Error 不显著，则可以断定适合的模型是空间滞后模型；相反，如果 LM – Error 比 LM – Lag 在统计上更加显著，且 RLM – Error 显著而 RLM – Lag 不显著，则可以断定空间误差模型是恰当的模型。此外，对模型的拟合度的检验也很重要。除了拟合优度 R^2 检验以外，常用的检验还有自然对数似然函数值（Log likelihood，LogL）、似然比率（Likelihood Ratio，LR）、赤池信息准则（Akaike Information Criterion，AIC）、施瓦茨准则（Schwartz Criterion，SC）等。一般地，对数似然值越大，AIC 和 SC 值越小，模型拟合效果越好。这几个指标也可以用来比较 OLS 估计的经典线性回归模型和 SLM、SEM。

(二) 模型设定、变量选择与数据

1. 模型设定

对于增长的回归模型估计有两种传统的方法：其一是侧重于考察长期增长（一般在25年或以上）的截面回归，是对初始值或解释变量的平均值进行的回归；另一种是侧重于考察短期循环效应的面板回归（Brülhart et al.，2009）。

本书采用短期循环效应的面板回归，把1984—2009年分为8个时间段。

借鉴Sala-i-Martin对于长期经济增长影响因素及增长收敛研究（Sala-i-Martin，2004），结合我国区域经济增长的实际，我们构建了以下基础计量模型：

$$RGRP_{it} = \beta_1 FGRP_{i0} + \beta_2 Theil_{it} + \beta_3 insh_{it} + \beta_4 gosh_{it} + \beta_5 pogr_{it} + \beta_6 huca_{it} + \beta_7 mark_{it} + \beta_8 open_{it} + \beta_9 urba + \varepsilon_{it} \tag{4.14}$$

其中，因变量RGRP代表区域经济增长率。自变量的选取主要考虑在控制住其他影响经济增长的因素后，分析产业集聚对区域经济增长的影响。FGRP为初始年份人均GRP对数，Theil代表区域产业集聚的Theil指数，Insh代表投资份额，Gosh代表政府消费份额，Pogr代表人口增长率，Huca代表人力资本，Mark代表市场化变量，Open代表开放度变量，Urba代表城市化变量。

相应的SLPDM模型和SEPDM模型是在以上基础计量模型中加入用来表征空间滞后或空间误差的项，具体模型不再一一列出。

2. 变量与数据

区域经济增长率（RGRP）。作为被解释变量的经济增长率，用以1984年不变价格衡量的各省人均地区生产总值（GRP）的各时段的年均增长率来测度。

初始人均GRP对数（FGRP）。为各时间段初期年份的人均GRP取自然对数。

区域产业集聚度（Theil）。各省区产业集聚的Theil指数，使用省区内部的地级以上城市的就业数据按照公式（3.7）进行计算得到。

投资份额（Insh）。用全社会固定资产投资占地区生产总值的比重测度。

政府消费份额（Gosh）。用政府消费占支出法地区生产总值的比重来测度。

人口增长率（Pogr）。用各省区人口自然增长率（‰）衡量。

人力资本（Huca）。人力资本的估算方法参考陈钊等（2004）的做法，把文盲、半文盲、小学、初中、高中、大专及以上学历的教育年限分别取0、1、6、9、12、16年。以劳动年龄人口中上述各层次学历人员所占比例为权重测算劳动者平均受教育年限。

市场化（Mark）。用非国有工业总产值占地区工业总产值比重测度。

开放度（Open）。把外贸依存度和FDI占比进行主成分分析，提取主成分得到加总的开放度指标。外贸依存度是把以美元计价的进出口贸易总额按照当年外汇牌价折算为人民币计价，用各省区进出口贸易总额占GRP的比重衡量。FDI占比以FDI占区域固定资产投资比重来度量。

城市化（Urba）。用城镇人口占区域总人口的比重衡量。

具体的变量描述性统计情况见表4－10。

表4－10　　变量描述性统计

	最小值	最大值	平均值	标准差	截面×时间	样本数量
RGRP	0.0081	0.1889	0.0962	0.0263	23×8	184
FGRP	5.9162	9.7516	7.3961	0.8074	23×8	184
Theil	0.0201	0.8795	0.2501	0.1862	23×8	184
Insh	0.2044	0.7960	0.3712	0.1257	23×8	184
Gosh	0.0002	0.3970	0.1372	0.0542	23×8	184
Pogr	-2.5520	19.1320	9.1433	4.6875	23×8	184
Huca	4.8780	9.2971	7.2708	1.0204	23×8	184
Mark	0.1068	0.9320	0.5057	0.2373	23×8	184
Open	0.0004	1.5164	0.2269	0.3235	23×8	184
Urba	0.1155	0.8571	0.2933	0.1571	23×8	184

数据来源：《新中国六十年统计资料汇编》、《中国城市统计年鉴》、《中国人口统计年鉴》以及各年的《中国统计年鉴》。

（三）模型估计结果分析

对基础计量模型（4.14）分别运用不考虑空间自相关因素的混合面板OLS（Pooled OLS）估计、考虑空间自相关因素的空间滞后面板模型

（SLPDM）估计和空间误差面板模型（SEPDM）估计三种方法进行了模型估计，其中 SLPDM 和 SEPDM 又分别包括固定效应（FE）和随机效应（RE）两种模型，模型回归结果见表 4-11。

对比 5 个模型，发现考虑空间自相关因素的模型在总体模型拟合度和变量系数显著性等方面均优于不考虑空间自相关因素的 Pooled OLS 模型，这说明在研究产业集聚对经济增长影响时忽略空间自相关因素容易导致模型估计偏误。进一步比较考虑空间因素的 4 个模型，发现 SEPDM_ FE 模型的 logL 值高于其他模型，并且 $corr^2$ 值也高于其他模型，说明 SEPDM_ FE模型的拟合度好于其他模型。我们使用 LM 检验和 RLM 检验也发现空间误差模型优于空间滞后模型，用 Hausman 检验发现固定效应优于随机效应，所以我们最终选择的模型为 SEPDM_ FE 模型。

表 4-11　　产业集聚与区域经济增长空间计量模型回归结果

	Pooled OLS	SLPDM		SEPDM	
		FE	RE	FE	RE
W_ ψ_{it}				0.6289*** (7.6865)	0.5853*** (6.6161)
W_ RGRP		0.3880*** (3.8592)	0.0973*** (6.4175)		
constant	0.1575** (2.6159)		0.1895*** (3.5031)		0.2677*** (4.2037)
lnFGRP	-0.0167* (-1.6968)	-0.0265*** (-2.8569)	-0.0265*** (-3.1011)	-0.0392*** (-3.7503)	-0.0328*** (-3.278)
Theil	0.0059 (0.3166)	0.0269*** (2.8278)	0.0157** (1.6760)	0.0117*** (1.8095)	0.0078* (0.9773)
Insh	0.0769*** (3.4323)	0.0811*** (3.8922)	0.0791*** (4.0278)	0.1079*** (5.1176)	0.0980*** (4.8280)
Gosh	0.0270 (0.6533)	0.0136 (0.3657)	0.0158 (0.4368)	-0.0149* (-1.3985)	0.0031 (0.9888)
Pogr	-0.0011 (-1.2774)	-0.0012 (-1.3115)	-0.0010 (-1.2726)	-0.0020** (-2.2555)	-0.0022** (-2.5321)
Huca	0.0016 (0.6900)	0.0021* (1.1945)	0.0013 (0.9304)	0.0056*** (2.5852)	0.0023* (0.7959)
Mark	0.0697*** (3.4457)	0.0633*** (3.1041)	0.0706*** (3.6533)	0.0931*** (4.6585)	0.0922*** (4.7279)
Open	0.0102 (1.0579)	0.0257* (1.9285)	0.0065 (0.6590)	0.0338** (2.2782)	0.0197* (2.0759)
Urba	0.01106*** (0.3619)	0.1449** (2.0012)	0.03411** (1.0243)	0.1401*** (1.9006)	0.0013 (0.0412)

续表

	Pooled OLS	SLPDM		SEPDM	
		FE	RE	FE	RE
R^2	0.5095	0.7920	0.7077	0.6863	0.7654
$corr^2$		0.5759	0.4794	0.5969	0.4775
logL	303.86	342.17	310.64	348.35	317.23
N	184	184	184	184	184

说明：（1）估计结果由 MATLAB 软件给出。（2）系数括号内为 t 检验值，* 表示在 10% 水平上显著，** 表示在 5% 水平上显著，*** 表示在 1% 水平上显著。

从 SEPDM_ FE 模型的回归结果来看，W_ ψ_{it}的系数为正且具有高度的显著性，说明区域经济增长具有空间正自相关性，即邻近省区的经济增长对本省区的经济增长具有正向溢出效应。各自变量均以较高的显著性通过检验，初始人均 GRP 水平的系数为负，显示出区域经济增长的条件收敛性特征，产业集聚、投资份额、政府消费份额、人口增长率、人力资本、市场化、开放度、城市化等都是重要的条件收敛变量。也可以说，在控制了其他影响区域经济增长的因素并考虑到空间自相关因素后，我们得到产业集聚对区域经济增长具有显著促进作用的结论。在影响区域经济增长的各变量中，人口增长率和政府消费份额是负向影响的变量，说明过快的人口增长和过多的政府参与是制约区域经济增长的因素。产业集聚、投资份额、人力资本、市场化、开放度、城市化等都是促进区域经济增长的重要因素，尤其是城市化和投资份额变量系数较大，具有较高的增长弹性，说明城市化和投资推动是我国区域经济增长的主要动力来源。其次是市场化和开放度变量也具有较高的弹性，显示出改革开放是促进区域经济增长的强大动力。产业集聚和人力资本变量弹性较小，说明通过提高人力资本水平和通过提高产业集聚来促进区域经济增长还有很大的空间。

第六节　小结

由于各省区经济基础不同，发展条件各异，区域经济增长存在显著的空间分异，表现为有的省份经济增长较快，有的省份经济增长较慢。以真实人均 GRP 衡量的地区经济增长也存在明显的区域差异：东部地区经济增长最快，其次是中部地区、西部地区、东部地区。

分别运用 σ 收敛、β 绝对收敛、β 条件收敛、收入动态方法等对1978—2009 年的各省区区域经济增长收敛进行了研究。σ 收敛分析发现，总体 σ 值的变化分为三个阶段：1978—1990 年的收敛阶段、1990—2003 年的发散阶段、2003—2009 年的收敛阶段。β 收敛分析发现，从整体上来讲，整个分析时段不存在绝对 β 收敛，但却存在显著的 β 条件收敛。在各收敛条件变量中，物质资本、人力资本、人口增长率、市场化、外商直接投资、城市化、政府参与度等变量基本通过检验，是改革开放以来区域经济增长收敛的重要条件，决定了区域经济增长的不同稳态，也是导致区域经济增长差异的主要原因。收入动态分布方法发现 1978—1990 年、1990—2003 年两个时段均表现为发散的特征，但在 2003—2008 年出现收敛。

为检验集聚的经济增长效应，分别运用截面回归和动态面板回归进行了计量模型估计，估计结果说明，在控制了区域经济长期增长的影响因素后，区域内部产业集聚水平对区域经济增长具有促进作用。我国各省区集聚与增长的关系符合“威廉姆森假说”，集聚的增长效应在相对落后地区表现更加明显，比如云南、广西、安徽、湖南、陕西等省区；集聚的增长负效应比较明显的省区是东部沿海比较发达的山东、江苏、浙江等省区。

各省区的集聚增长效应存在比较明显的空间分异特征。区域经济所处发展阶段不同，导致区域内部的产业集聚水平对经济增长的影响也不同。沿海经济发达地区的区域经济结构已经步入由极核扩散的阶段和高水平的均衡阶段，所以 Theil 指数较低，集聚的增长效应为负效应，比如江苏、浙江、山东等。中西部地区的区域经济结构还处于极核式集聚发展阶段，集聚对经济增长的促进作用明显，比较典型的省区是云南、广西、陕西、安徽等省区。

产业集聚的空间依赖性，是指产业倾向于在某些地方集聚且对当地的自然、经济或社会条件产生依赖，从而不愿向外迁移的现象。产业集聚的空间依赖性，从根本上表现为企业的本地根植性，即企业一旦在某个地区落户扎根，就不愿再往外迁移。产业集聚空间依赖性产生的原因是多方面的，其中包括产业对特定区域的要素依赖、企业在一个地区形成的社会关系网络因素、投资环境因素等。产业集聚空间依赖性的影响表现在对区域经济差距的影响和对产业转移的影响两个方面。产业集聚空间依赖拉大了区域经济差距，在循环累积因果律的作用下，产业集聚区和非集聚区的发展差距具有扩大的趋势。产业集聚的空间依赖制约了正常的产业转移，不利于缩小区域经济差距和实现区域经济协调发展。为促进区际产业转移的有序进行，应加快东部地区产业结构升级、增强中西部地区产业承接能力、加强产业转移有效对接、完善促进产业转移的体制机制。

用空间计量软件 GeoDa 绘制出产业集聚和区域经济增长的空间分布四分位图，发现我国产业集聚和区域经济增长均呈现出明显的空间分异，都具有大致呈阶梯状由东南沿海向西北内陆降低的趋势。对产业集聚与经济增长进行全域空间自相关（Moran's I）分析，产业集聚莫兰指数值为 0.1618，表明区域内部产业集聚存在明显的正自相关关系，产业集聚度高的地区和产业集聚度高的地区邻接，产业集聚度低的地区和产业集聚度低的地区邻接；区域经济增长率莫兰指数为 0.3943，表明区域经济增长存在显著的正自相关关系，即经济增长率高的地区与经济增长率高的地区邻近，经济增长率低的地区与经济增长率低的地区邻近。对产业集聚和区域经济增长测算双变量莫兰指数，发现产业集聚对区域经济增长的影响具有正自相关特征，产业集聚对区域经济增长正向促进的地区相互邻近，产业集聚对区域经济增长负向影响的地区相互邻近。对各省产业集聚水平进行局域空间自相关（LISA）分析，发现产业集聚分布有 4 种空间自相关类型：广东、福建、江西、湖北、贵州属于高高类型，山东、江苏、安徽、河南、山西、吉林、辽宁属于低低类型，内蒙古、陕西、河北属于高低类型，云南、广西、湖南、浙江属于低高类型。

运用考虑空间自相关因素的空间滞后面板模型（SLPDM）估计和空间误差面板模型（SEPDM），对产业集聚对区域经济增长的影响进行了空间计量模型分析。在控制了其他影响区域经济增长的因素并考虑到空间自相关因素后，我们得到产业集聚对区域经济增长具有显著促进作用的结论。在影响区域经济增长的各变量中，产业集聚、投资份额、人力资本、市场化、开放度、城市化等都是促进区域经济增长的重要因素，尤其是城市化和投资份额变量系数较大，具有较高的增长弹性，说明城市化和投资推动是我国区域经济增长的主要动力来源。市场化和开放度变量也具有较高的弹性，显示出改革开放是促进区域经济增长的强大动力。

第五章

产业集聚结构与中国区域经济增长效率差异

第一节　引言

区域经济增长差异的引致因素不仅来自于产业集聚水平的差异，还可能来自于产业集聚结构方面的因素。这包括产业集聚的类型差异和产业集聚的行业差异两个方面。产业集聚是专业化集聚还是多样化集聚，对于增长具有不同的影响。由于不同产业在生产技术、生产效率、利润率等方面存在差别，导致不同产业具有不同的增长效应。

从产业发展的角度看，产业具有生命周期性，有的新兴产业处于生长发育的阶段，有的夕阳产业则处于衰落消亡的过程中。处在不同产业生命周期的行业，其成长性和对区域经济增长的贡献会存在差异。比如高新技术产业，具有较高的技术含量和产品利润率，其市场潜力很大，对区域产业升级的带动和对区域经济增长的促进作用也很强。而像一些传统产业，技术含量和产品利润率都很低，且市场趋于萎缩，对区域经济增长的促进作用较弱。

区域产业结构是一个区域产业的构成与比例关系，产业结构及其变动对区域经济发展具有重要的影响。产业结构是否合理，产业间的比例是否协调，产业结构是否和区域经济发展的自然资源等禀赋条件相适应，都会影响和制约区域经济增长和发展。区域产业结构是一个发展演变的过程，在区域经济发展的早期阶段，农业经济特征比较明显，第一产业占据主导地位；随着工业化过程的推进，第二产业逐步占据主导地位；在后工业化时期，则以第三产业占据主导地位为特征。为促进区域经济保持良性发展，需要不断地对区域经济结构进行调整，产业结构调整的目标是促进产业结构向着不断合理化和高级化的方向发展。

本章首先对产业结构变动所导致的区域集聚结构的演变进行分析，然后运用集聚增长效应的动态外部性理论分析产业集聚类型对区域经济增长效率的影响，再分析不同产业集聚行业的生产率效应，最后探讨产业升级对区域可持续发展的影响。

第二节　产业结构变动与区域产业集聚结构演化

区域经济发展过程中，伴随着产业升级和产业结构高级化的过程，并引起产业集聚结构发生变化。

一　区域产业结构变动

产业结构类型有很多划分方法，比较常见的是三次产业划分方法。通过比较1978年、1988年、1998年和2008年几个年份的三次产业结构，发现就三次产业产值结构而言，第一产业的比重呈现比较明显的下降趋势（图5-1）。在改革开放初期，第一产业产值比重最大的省份分别为海南（53.17%）、西藏（50.68%）、安徽（47.15%）、四川（44.53%）、云南（42.66%）、江西（41.59%）等，第一产业比重最小的省份分别为上海（4.03%）、北京（5.17%）、天津（6.09%）、辽宁（14.14%）。从1978年到2008年，第一产业比重下降最大的省份包括西藏、浙江、安徽、四川，下降幅度分别达到35.39%、32.96%、31.17%、25.61%；第一产业比重下降最小的省份有上海、北京、天津、辽宁，下降幅度仅为3.22%、4.10%、4.16%、4.46%。

从1978年到2008年，各省份第二产业产值比重则有升有降，呈分化趋势（图5-2）。在1978年第二产业比重较大的省份有上海（77.36%）、北京（71.14%）、辽宁（71.07%）、天津（69.61%）、黑龙江（60.98%），比重较小的省份有海南（22.26%）、西藏（27.67%）、广西（34.03%）、四川（35.51%）。在整个分析时段，呈下降趋势的省份有北京、上海、辽宁、甘肃，分别降低了45.46、31.84、15.27和13.98个百分点；比重增加趋势比较明显的省份有江西、河南、安徽、四川、浙江、内蒙古、广西、福建、海南等，幅度分别达到14.67%、14.29%、11.04%、10.79%、10.64%、9.59%、8.33%、7.56%、7.51%；其他省份的比重变化不明显。

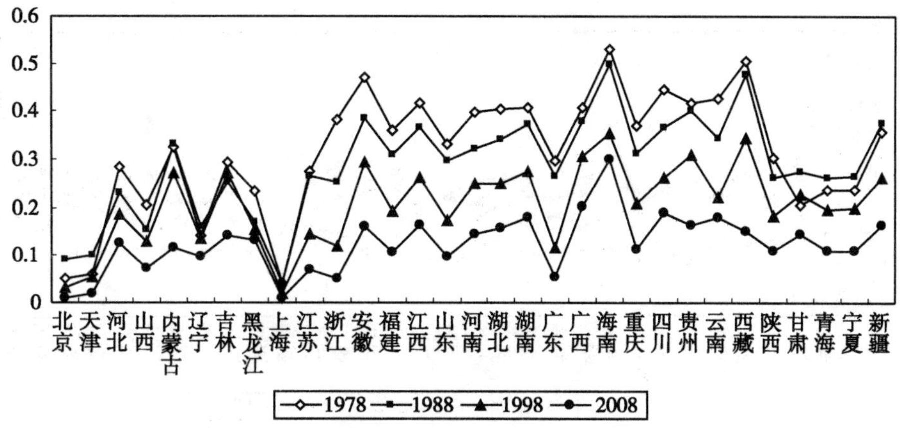

图 5－1　第一产业占地区生产总值比重的变化

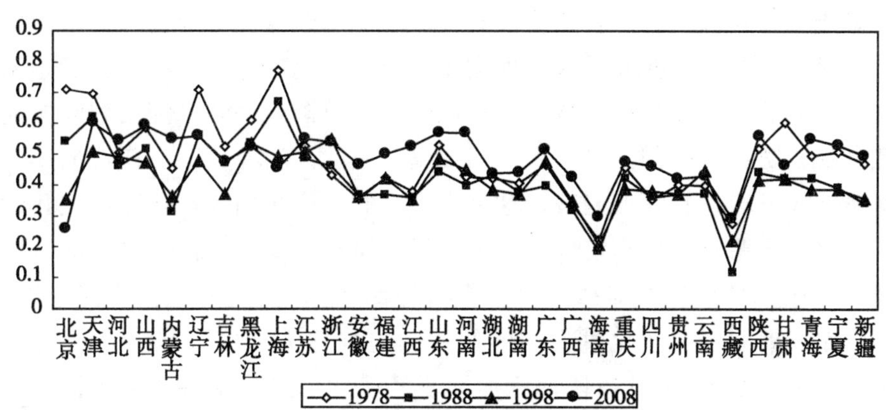

图 5－2　第二产业占地区生产总值比重的变化

在整个分析时段，第三产业产值比重增加趋势比较显著，平均增幅达18.99%（图 5－3）。在改革开放初期，各省第三产业产值比重均在 20%左右，相差不大。第三产业产值比重增加较大的省份有北京、上海、西藏、重庆、贵州、湖北、浙江等，增加幅度分别达到 49.56%、35.05%、33.82%、23.57%、23.14%、23.14%、22.33%。

二　区域产业结构变动与产业集聚结构演化

随着区域经济的发展，产业结构不断发生变动，这种变动表现为纵向的产业结构高级化和横向的产业结构合理化过程，产业结构的高级化和合理化又反过来成为推动区域经济发展的重要动力。产业结构高级化是指产

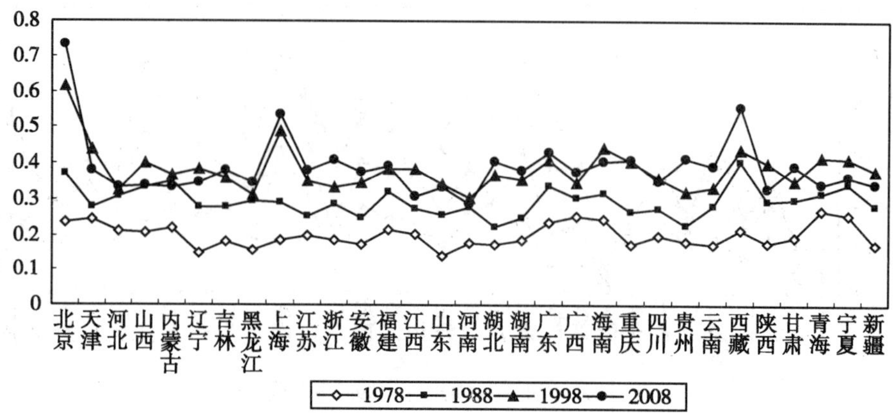

图 5－3 第三产业占地区生产总值比重的变化

业结构从较低级形式向较高级形式发展演变的过程。产业结构合理化则是指促使资源在各产业间进行合理配置、有效利用的过程。从许多发达国家的实践来看，产业结构的演进是有规律的。英国经济学家配第和克拉克研究发现，随着人均国民收入水平的提高，就业人口有由第一产业向第二产业再向第三产业转移的趋势，这种由人均收入变化引起产业结构变化的规律被称为配第—克拉克定律。德国经济学家霍夫曼根据霍夫曼比例（即消费品工业净产值与资本品工业净产值的比例），把工业化分为四个阶段，强调重工业化在工业化过程中的作用，这被称为“霍夫曼工业化经验法则”。钱纳里的工业化阶段理论揭示了经济发展过程中制造业结构的变动规律，把制造业发展分为初期、中期和后期三个时期，初期的制造业部门主要为食品、皮革、纺织等，中期的制造业部门则是非金属矿产品、石油、化工等，后期的制造业部门则变化为服装和日用品、出版印刷、金属制品和机械制造等。由以上分析可以看出，区域经济发展过程中伴随着产业结构的变动，这种变动必然引致区域集聚行业的变化。

利用行业就业数据，对上海 1987—2008 年的制造业进行区位熵分析，并把各年份区位熵大于 1 的行业列出，以通过专业化行业的变动反映出区域集聚行业的变化，分析结果见表 5－1。从表中可以看出，上海制造业行业专业化程度比较高，在 20 个分析行业中有 8 个以上的行业的区位熵大于 1，其中 1997 年的专业化行业数达到 14 个。在分析时段，制造业专业化行业发生了比较明显的变动，比如在 1987 年、1991 年、1994 年几个年份排名第一的化学纤维制造业，到 2001 年以后退出了行业排名（2008

年的区位熵下降到0.4233)。而像食品制造和医药制造行业在前期没有进入排名的行业，在2001年后区位熵上升到大于1而进入排名。总体而言，上海制造业专业化行业的变动反映了技术进步所导致的产业升级和产业结构高级化过程，2008年区位熵在前几位的行业如金属制品业、通用设备制造业、仪器仪表及文化办公机械制造业、交通运输设备制造业、专业设备制造业、电气机械及器材制造业等均属于技术含量较高的行业。

表5-1　上海制造业行业专业化的变动

1987年	1991年	1994年	1997年	2001年	2005年	2008年
化学纤维(3.2324)	化学纤维(3.1554)	化学纤维(2.7161)	仪器仪表(2.4569)	金属制品(1.6394)	金属制品(1.7416)	金属制品(1.8816)
仪器仪表(2.0135)	仪器仪表(1.9969)	仪器仪表(2.5821)	化学纤维(2.3438)	仪器仪表(1.6190)	通用设备(1.6563)	通用设备(1.8281)
电子通信(1.9292)	电子通信(1.6156)	电子通信(1.5899)	文体用品(1.9846)	电气机械(1.5953)	纺织服装(1.6189)	仪器仪表(1.7100)
交通运输(1.7945)	电气机械(1.4495)	电气机械(1.4163)	电气机械(1.7504)	电子通信(1.5925)	通信电子(1.5301)	交通运输(1.6372)
电气机械(1.4862)	金属制品(1.3286)	纺织服装(1.3526)	橡胶制品(1.6179)	专用设备(1.3864)	电气机械(1.3663)	专用设备(1.5275)
金属制品(1.2985)	橡胶制品(1.3028)	交通运输(1.3313)	服装制造(1.6149)	通用设备(1.3299)	交通运输(1.3431)	纺织服装(1.4780)
纺织业(1.2490)	缝纫业(1.2563)	专用设备(1.2814)	交通运输(1.3214)	食品制造(1.2235)	专用设备(1.2322)	电气机械(1.4563)
机械工业(1.2308)	炼焦业(1.2405)	金属制品(1.2684)	专用设备(1.2526)	医药制造(1.3840)	食品制造(1.0911)	通信电子(1.3314)
橡胶制品(1.1948)	机械工业(1.2294)	通用设备(1.1307)	普通机械(1.2215)		医药制造(1.0240)	食品制造(1.1798)
黑色金属(1.1212)	纺织业(1.1736)	纺织业(1.1229)	印刷记录(1.0758)			医药制造(1.0217)
塑料制品(1.0682)	黑色金属(1.0844)	黑色金属(1.0423)	家具制造(1.0674)			
	交通运输(1.0343)		黑色金属(1.0257)			
			塑料制品(1.0235)			
			医药制造(1.0102)			

说明：表中制造业行业名称使用简称，如化学纤维的全称是“化学纤维制造业”、仪器仪表的全称是“仪器仪表及文化办公机械制造业”、电子通信的全称是“电子及通信设备制造业”、交通运输全称是“交通运输设备制造业”、印刷记录全称是“印刷业、记录媒介的复制”、通信电子的全称是“通信设备计算机及其他电子设备制造业”等。

第三节 产业集聚类型与中国区域经济增长效率

内生经济增长理论把经济增长的来源归结为内生的技术进步，而技术进步又主要来自于知识溢出（Romer，1986；Lucas，1988）。知识溢出比较容易在空间相互邻近的企业间发生，这也是集聚经济得以发挥作用的内在机理。这种集聚经济被称为动态外部性，具体可分为三种类型的外部性：MAR 外部性、Jocabs 外部性和 Poter 外部性（Glaser et al.，1992）。当动态外部性来自于相同产业企业的集聚时，被称作 MAR（Marshall-Arrow-Romer）外部性，代表了专业化对于经济增长的促进作用。MAR 类型的知识溢出来自于相同产业企业间的交流的便利性，企业的空间集中降低了生产和交易成本，促进了知识的交流和分享。知识溢出既可以来自直接的思想交流和产品交换，也可以间接地来自于员工在企业间的流动。Jocabs 外部性是指知识溢出来自于不同产业的企业之间，支持者认为是地方产业的多样化而非专业化有利于促进创新和经济增长。Poter 外部性强调企业间竞争对于创新和地区经济增长的重要作用。具体的产业集聚类型与外部性之间的关联见表 5－2。

表 5－2　　产业集聚类型与外部性类型的对应关系

外部性类型 / 产业集聚类型	MAR	Jacobs	Poter
专业化	+	−	+
多样化	−	+	−
竞争性	−	+	+

资料来源：Van Oort（2007）。

对于集聚外部性与经济增长的实证检验，结论往往难以统一。格拉泽等（Glaser，1992）的开创性研究，结论支持 Jocabs 外部性和 Poter 外部性，不支持 MAR 外部性。亨德森（Henderson，1997）的研究则支持 MAR 外部性和 Jocabs 外部性。巴蒂斯（Batisse，2002）使用中国省区 1988—1994 年 30 个产业部门数据，研究了外部性与产业增加值增长的关系，结果表明多样化和竞争对于增长具有正的影响，专业化则是负向影响，沿海和内陆的产业发展具有不同的动力来源。布莱恩等（Blien，

2006）的实证研究发现多样化是地区就业增长的来源，没有发现明显的专业化方面的证据。薄文广（2007）利用我国29个省、市、自治区25个产业的面板数据研究了外部性对于地区产业增长的影响，发现专业化水平与产业增长之间存在着负向关系，竞争程度与地区产业增长之间存在着正向关系，多样化程度与产业增长之间存在着一种非线性关系。

不同于已有研究侧重于研究产业集聚外部性对于产业就业或产业增加值增长的影响，本书着重分析产业集聚动态外部性对于区域经济增长效率的影响。由于不同区域产业集聚的内容不同，具有不同的专业化和多样化程度，所以产业集聚的动态外部性也不同，动态外部性对于经济增长的效率影响也不同。知识溢出建立在企业间商品服务交换或者人员的流动上，这就需要便捷的区域内部交通等基础设施网络的支持，所以在三种外部性的基础上，我们提出第四种外部性：区域网络外部性，其对应的产业集聚类型用区域通达性表示。

一　研究方法

本书对于区域经济增长效率的测度来自于对于经济增长的全要素生产率（TFP）的分解方法。较早的关于全要素生产率（TFP）的研究方法是增长核算法，把TFP作为产出增长扣除资本与劳动增长的残差剩余，又称为索罗余值法（Solow，1957）。增长核算法的缺陷是不能对TFP增长进行分解，不能区分TFP增长是来自于技术进步还是效率的提升，而这种区分对于TFP增长的研究是很关键的，技术进步反映了生产前沿面的拓展，而技术效率则反映了当前生产距离前沿面的情况。基于数据包络分析技术的Malmquist指数方法能动态地观察TFP的变化，并且能通过对指数的分解进一步了解TFP变动的来源。Malmquist指数方法的不足在于，它是一种确定性方法，只是对于给定的投入与产出变量作出解释，把所有对于前沿面的偏离都归结于非效率，不允许随机事件与其他因素对于产出的随机冲击。随机前沿生产函数（SFA）方法能够克服上述不足，一定程度上消除随机因素对于前沿生产函数的影响，并可以把全要素生产率分解为技术进步、技术效率、规模效率、配置效率等，从而提供更多的TFP来源与变动的信息。傅晓霞等（2007）对SFA分析和数据包络分析在中国全要素生产率核算中的适用性进行了比较，认为SFA的分析结果具有较好的稳健性和适用性。

一些国外学者在对不同国家或地区的 TFP 分析的研究中，发现了效率在 TFP 变动和解释区域产出差异中的重要性。杰斯马诺斯基（Jerzmanowski，2007）从适宜技术与效率的视角研究了各国 TFP 的差异，发现世界各国产出差异的主要原因是效率因素而非技术因素。夏尔马等（Sharma，2007）运用 SFA 方法研究了 1977—2000 年的美国 48 个州的 TFP 增长，把 TFP 增长分解为技术进步、效率变化、规模经济变化三个部分，发现技术进步是 TFP 增长的主要来源，但效率变化却是各州 TFP 增长差异的主要原因。

相对于其他方法而言，SFA 方法在解释效率变动上具有显著的优势，尤其是其允许加入环境变量直接在模型中测度影响效率变动的因素。王志平（2010）运用 SFA 方法，对 2001—2006 年我国各地区的 TFP 以及生产效率的区域特征进行了研究，结果表明，外商投资和基础设施的实际有效利用对各地区生产效率有重要的影响，前沿技术进步是全要素生产率的主导因素，东部地区前沿技术进步率与生产效率都高于中西部。

本书拟采用 SFA 中效率估计的一步法，并结合我国区域经济增长的实际设置效率解释变量，在控制其他影响效率变量的基础上，重点考察区域产业集聚类型对于区域经济增长效率的影响。

二　模型、变量与数据

（一）随机前沿超越对数生产函数模型

1. 生产效率（TE）

生产效率（TE）用来衡量生产者当前生产与其最大产出的生产前沿面的距离。根据夏尔马等（Sharma，2007）的解释，包含随机冲击的随机前沿生产函数可以表示为：

$$y_{it} = f(x_{it}, t, \beta) e^{\varepsilon_{it}} \qquad \varepsilon_{it} = v_{it} - u_{it} \qquad u_{it} \geqslant 0 \qquad (5.1)$$

其中，y_{it}为第 i 个区域在时间 t 的产出，x_{it}是区域 i 在时间 t 的投入向量，t 是时间趋势项，β 是待估系数向量，ε_{it}是包含两个相互独立部分的随机误差项。v_{it}用来测度统计误差和随机冲击，并服从均值为 0 方差为 σ_v^2 的正态分布，u_{it}用来测度产出导向的生产非效率，服从半正态分布 $N+$（m_{it}，σ_U^2），为非负随机变量。

巴蒂西（Battese）和科林（Coelli，1995）通过加入效率的解释变量

来测度 u_{it}，即令 $m_{it}=\delta_{z_{it}}$，其中 z_{it} 为 $p\times1$ 阶影响效率的外生变量，δ 为 $1\times p$ 阶待估系数向量。根据以上处理的效率是一种期望值，即 $TE_{it}=E[exp(-u_{it})\mid\varepsilon_{it}]$。

对于随机前沿生产函数的形式，本书采用资本和劳动两种投入并带有时间趋势项的超越对数生产函数，即：

$$\ln f(x_{it},t,\beta)=\beta_0+\beta_1\ln K_{it}+\beta_2\ln L_{it}+\beta_3 t+\frac{1}{2}\beta_4(\ln K_{it})^2+\frac{1}{2}\beta_5(\ln L_{it})^2+\frac{1}{2}\beta_6 t^2+\beta_7\ln K_{it}\ln L_{it}+\beta_8 t\ln K_{it}+\beta_9 t\ln L_{it} \tag{5.2}$$

把式（5.2）代入式（5.1）即可采用最大似然估计方法估计 TE。

2. TFP 的分解

对 $f(x_{it},t,\beta)$ 取对数，并对 t 求全微分，得到：

$$\frac{d\ln(x,t,\beta)}{dt}=\frac{\partial\ \ln(x,t,\beta)}{\partial\ t}+\sum_j\frac{\partial\ \ln(x,t,\beta)}{x_j}\frac{dx_j}{d_t} \tag{5.3}$$

上式中第一项是反映生产前沿面变化的技术进步（TP）。

对式（1）两边同时取对数，并对 t 求导，得到：

$$y=\frac{d\ln(x,t,\beta)}{dt}-\frac{du}{dt}=TP+\sum_j e_{jx_j}+\Delta TE \tag{5.4}$$

一般把生产率增长看作是产出增长扣除要素投入增长的剩余，又考虑到研究发现配置效率对 TFP 的影响不显著（王志刚等，2006）。本书把 TFP 增长分解为技术进步、生产效率变化、规模效率变化三个部分：

$$TFP=TP+\Delta TE+(e-1)\sum_j\frac{e_j}{e}x_j \tag{5.5}$$

等式右面的数据可从式（5.2）的估计结果中加以测算得到，其中 $TP=\beta_3+\beta_6 t+\beta_8 lnK+\beta_9 lnL$，资本产出弹性 $e_k=\beta_1+\beta_4 lnK+\beta_7 lnL+\beta_8 t$，劳动产出弹性 $e_l=\beta_2+\beta_5 lnL+\beta_7 lnK+\beta_9 t$。

（二）变量选取与数据来源

1. 产出变量

采用以 1988 年不变价格核算的地区生产总值（GRP）。

2. 投入变量

资本（K）。采用永续盘存法核算资本存量，1988 年各省的资本存量取自张军的估计值，并把其以 1952 年价格衡量折算为以 1988 年的价格衡量（张军等，2004）。各年的当年投资采用以1988年不变价格核算的固定资本形成总额进行估算，其中1994—2009年的价格指数取自各省固定资产投资价格指数，1988—1993年的价格指数用各省商品零售价格指数代替。不同于已有文献多把折旧率作为固定值处理，考虑到随着经济发展折旧率提高的特点，本书把折旧率进行动态化，把各省折旧率从1988年的6%平滑加速到2009年的10%。

劳动（L）。劳动投入采用附加人力资本的有效劳动来衡量，方法是就业人员与平均受教育年限的乘积。人力资本的估算方法参考陈钊等（2004）的做法，把文盲、半文盲、小学、初中、高中、大专及以上学历的教育年限分别取0、1、6、9、12、16年。以劳动年龄人口中上述各层次学历人员所占比例为权重测算劳动者平均受教育年限。

3. 效率变量（Z）

（1）产业集聚类型变量

专业化（Spec）。用区位熵（见公式3.8）测度。专业化、多样化和竞争性均使用20个大类制造业（具体行业同表3－1）数据。

多样化（Dive）。用Krugman专业化指数（见公式3.9）的倒数测度。

竞争性（Comp）。用区域就业人员人均企业数的相对于全国平均值的相对值度量。

区域通达性（Comu）。用各省区的交通运输线路密度测度，具体的测算方法参考王小鲁等（2009）的做法，把不同等级的公路里程分别折算成相当于二级公路的标准公路里程，并以14.7的换算系数将铁路里程与标准公路里程合算为标准道路里程，计算其与面积比率。

（2）控制变量

中国区域经济增长是在改革开放的大背景下展开的，是传统农业国向现代工业国转变的过程，从经济空间结构上集中表现为城市化不断推进的过程。市场化改革、对外开放、工业化、城市化是影响我国区域经济增长生产效率的重要环境变量。基于此，我们选取以下变量作为效率解释变量的控制变量：

市场化（Mark）。用非国有经济在工业总产值中的比重测度。

开放度（Open）。把外贸依存度和FDI占比进行主成分分析，提取主成分得到加总的开放度指标。外贸依存度是把以美元计价的进出口贸易总额按照当年外汇牌价折算为人民币计价，用各省区进出口贸易总额占GRP

的比重衡量。FDI 占比以 FDI 占区域固定资产投资比重来度量。

城市化（Urba）。用非农业人口占总人口的比重测度。

工业化（Indu）。用第二、三产业增加值占 GRP 比重测度。

相关数据来源于《中国工业经济统计年鉴》、《新中国五十五年统计资料汇编》、《中国人口统计年鉴》，以及相关年份的《中国统计年鉴》。

三　实证结果分析

运用 Frontier 4.1 软件（Coelli，1996）中的模型 1 和模型 2，分别对未加效率解释变量和加入效率解释变量的一步法进行了估计，结果见表 5－3。

表 5－3　　随机前沿超越对数模型估计结果

生产方程			效率方程	
模型 1			模型 2	
截距项	4.1182*** (4.4198)	3.4793*** (8.8633)		1.3276*** (14.8418)
LnK	0.7574*** (4.8051)	1.1711*** (6.7330)	Spec	0.0658** (2.2776)
LnL	-0.8227*** (-3.5838)	-1.1047*** (-6.2220)	Dive	-0.1454*** (-6.6242)
t	0.0239 (1.3071)	-0.0031 (-0.2104)	Comp	-0.0329** (-1.4671)
$(LnK)^2/2$	0.2064*** (4.6919)	0.3973*** (7.4528)	Comu	-0.0181* (-0.8461)
$(LnL)^2/2$	0.2437*** (6.5226)	0.3921*** (9.7429)	Mark	-0.4167*** (-7.7491)
$t^2/2$	0.0011** (2.4969)	0.0020*** (3.8579)	Open	-0.3006* (-1.3954)
LnK × lnL	-0.1688*** (-4.7523)	-0.3266*** (-7.6808)	Urba	-1.0178*** (-12.1370)
t × LnK	-0.0110*** (-2.6220)	-0.0224*** (-4.5227)	Indu	-0.3175*** (-3.6998)
t × LnL	0.0083** (2.3371)	0.0147*** (3.9124)		
σ^2	0.0823*** (10.5825)	0.0228 (0.0022)		
γ	0.9657*** (112.1617)	0.0116*** (3.3098)		
LR	1657.6022	857.2644		

说明：括号内为 t 检验值，上标 * 表示在 10% 的水平上显著，上标 ** 表示在 5% 的水平上显著，上标 *** 表示在 1% 水平上显著。

从估计结果看，大部分系数均很显著，且系数 $\beta_4 - \beta_9$ 为 0 的原假设以较高的显著性水平被拒绝，卡方统计检验值 213.96，说明使用超越对数生产函数形式的设定是合适的，优于 C－D 生产函数形式。从 γ 值［$\gamma = \sigma_u^2 / (\sigma_u^2 + \sigma_v^2)$］看，模型 1 的 γ 值接近于 1，说明非效率成分在误差项中占很大比重，原假设 $\gamma = 0$ 和 $\delta = 0$ 被显著拒绝，混合卡方分布的极大似然估计值高达 1657.6；模型 2 中 γ 接近于 0，说明非效率成分在误差项中占比很小，误差项主要是由随机冲击（σ_v^2）带来的，也就是说，我们设定的效率变量已经使非效率成分得到比较充分的解释。

从模型 2 的效率方程估计中，可以看出我们选择的产业集聚类型效率解释变量均以较高的显著性通过检验，除专业化外，多样化、竞争性、区域通达性都有利于促进生产效率的提高。多样化水平每提高 1 个百分点，可以使生产效率提升 0.14 个百分点；竞争性水平每提高 1 个百分点，可以使生产效率提升 0.03 个百分点，区域通达性水平每提高 1 个百分点，可以使生产效率提升 0.01 个百分点。本书的研究结论支持产业集聚增长效应的 Jocabs 外部性、Poter 外部性和区域网络外部性等三种动态外部性，这说明在区域经济发展过程中，促进产业集聚是提升区域经济增长效率的重要途径。

各效率解释变量中的控制变量也都以较高的显著性通过检验，城市化、市场化、工业化、开放化都是对我国区域经济增长效率具有重要影响的变量。

根据实证结果，计算出各省生产效率的平均值，发现生产效率的省际差异十分显著（见图 5－4）。东部地区各省的生产效率水平较高，上海的生产效率水平最高（0.9068），其次是天津（0.8502）、北京（0.8305）、广东（0.7513）、江苏（0.6658）；东北部地区的辽宁（0.7412）、黑龙江（0.6649）、吉林（0.6342）生产效率水平也较高；中西部地区的生产效率水平较低，最低的是贵州（0.3800）和西藏（0.3729）。

按照地区划分进行生产效率分析，发现改革开放以来的生产效率水平总体上得到不断地提升（图 5－5）。就全国平均而言，1988 年的生产效率为 0.5074，到 2009 年提升到 0.7193，提升速度为年均 1.67%。

生产效率存在显著的地区差异，按照生产效率从高到低的排序是东部地区、东北地区、中部地区、西部地区。东部地区和东北地区的生产效率差距较小，但二者与中、西部地区的生产效率差距却很大，而且这种生产效率的地带间差距自改革开放以来呈扩大的趋势，1988 年地区间生产效

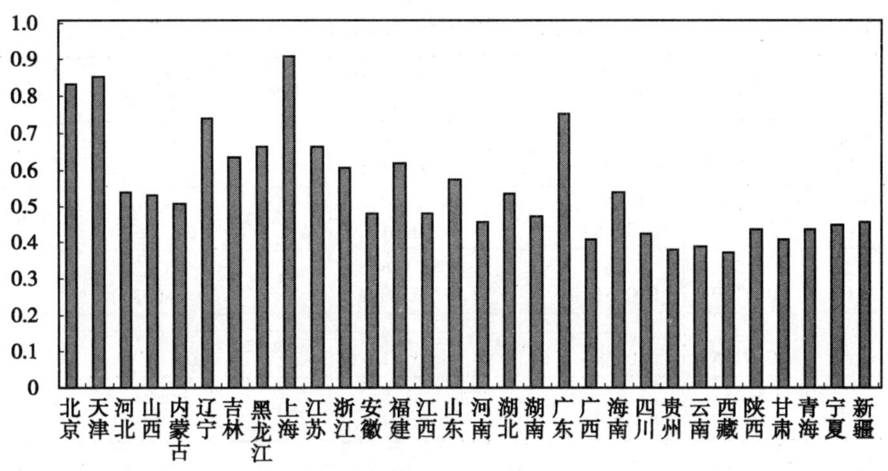

图 5－4　各省平均生产效率（1988—2009 年）

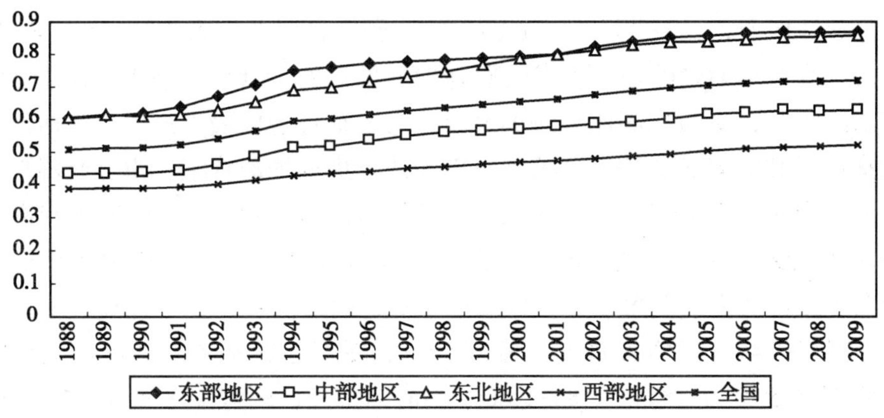

图 5－5　生产效率变化的区域差异

率极差为 0. 2165，而这一数值在 2009 年扩大到了 0. 3484。这种生产效率的地区差距已经成为缩小地区差距的重大障碍，制约着区域经济协调发展目标的实现。

按照公式（5. 5），对各地区的 TFP 进行分解，即分别测算各地区的技术进步率、生产效率变化率、规模效率变化率，并测算了其对 TFP 增长的贡献份额（见表 5－4）。就全国平均而言，TFP 增长主要是由技术进步和生产效率变化共同推动的，技术进步对 TFP 增长的贡献为 57. 91%，生产效率变化对 TFP 增长的贡献为 40. 46%；规模效率变化的作用甚微，其对 TFP 增长的贡献仅为 1. 62%。

表 5-4　　各地区 TFP 增长率及其分解

	TFP 增长率	技术进步率	贡献率	生产效率变化率	贡献率	规模效率变化率	贡献率
东部地区	3.5 (0.0218)	1.1 (0.0102)	44.66	1.95 (0.0178)	47.30	0.41 (0.0087)	8.03
中部地区	4.28 (0.0117)	2.12 (0.0066)	53.56	1.71 (0.0101)	36.17	0.36 (0.0038)	10.28
东北地区	3.38 (0.0109)	1.46 (0.0056)	52.93	1.63 (0.0099)	37.86	0.22 (0.0036)	9.17
西部地区	2.6 (0.0235)	2.16 (0.0069)	80.48	1.47 (0.0127)	40.52	-0.84 (0.0173)	-21
全国	3.44 (0.0222)	1.71 (0.0096)	57.91	1.31 (0.0159)	40.46	0.04 (0.0031)	1.62

说明：数据均为百分比值，括号内为标准差，表中数据均为分析时段（1988—2009 年）的年均值。

分地区而言，TFP 增长来源的地区差异比较显著，东部地区的 TFP 增长表现为效率驱动特征，生产效率对 TFP 增长的贡献超过技术进步对 TFP 增长的贡献，说明东部地区的 TFP 增长主要来自于向最大产出生产前沿的靠拢；而其他地区的 TFP 增长则表现为技术进步推动特征，中、西部地区技术进步对 TFP 增长的贡献率在 50% 以上，西部地区技术进步贡献率更是高达 80% 以上，说明这些地区的 TFP 增长主要是以最大产出生产前沿的向上拓展为主。规模效率贡献率也有明显的地区差异，中部地区的规模效率对 TFP 增长的贡献最高，超过 10%，东部地区和东北地区的规模效率对 TFP 增长的贡献也在 8% 以上，只有西部地区的规模效率对 TFP 增长的贡献为 -21%，说明西部地区存在比较明显的规模效率损失，并且拉低了全国平均的规模效率贡献份额。

第四节　产业集聚行业与中国区域经济增长效率

由于直接测度集聚的增长效应具有难度，早期的集聚与经济增长的实证研究主要侧重于分析就业密度对劳动生产率的影响。西科恩（Ciccone）较早在此领域做出了重要贡献，西科恩和霍尔（Ciccone & Hall，1996）对美国的研究发现就业密度对劳动生产率的弹性为 6%。西科恩（2002）对法国、德国、意大利、西班牙和英国等国的研究发现，就业密度增加 1 倍劳动生产率提升约 4.5%。亨德森（Henderson，2003）的研究发现，对于集聚在同一地区的制造业企业而言，高技术企业的就业密度对劳动生产率的弹性明显高于其他企业。奥塔维亚诺（Ottaviano）和皮纳里（Pinelli，2006）使用芬兰的面板数据发现人口密度对于区域人口和收入的增长具有正效应，即暗含着对生产率的正效应。

一　产业集聚生产率效应的总体考量

西科恩（2002）基于 Cobb－Douglas 生产函数，提出一个用于测度就业密度对生产率影响的静态的对数线性模型：

$$P_{rc} = \theta D_{rc} + \sum_{s=1}^{S} \delta_{sc} F_{src} + \varepsilon_c + u_{rc} \tag{5.6}$$

上式中，P_{rc}代表 c 国家内部 r 区域的劳均产出的对数，D_{rc}代表就业密度的对数，F_{src}是教育水平 s 的劳动人数所占百分比，ε_c 代表国家固定效应，u_{rc}代表随机残差项，系数 θ 代表了净集聚效应（集聚效应减去拥挤效应）。

对于上述计量模型的估计存在的最大挑战是潜在的密度内生性问题，导致 OLS 估计会有向上偏误，西科恩的解决方法是用区域面积作为密度的工具变量，并宣称面积与密度高度相关，区域边界是很久以前确定的且与任何未测量的区域固定效应无关。

利用面板数据的 GMM 估计技术可以提供另外的解决方案，该方法通过模型变量的动态转换以去除内生性，直接得到密度的生产率效应。由于生产率变动依赖于滞后的生产率水平、现期与滞后的密度和其他控制变量，即暗含着一阶自相关分布滞后面板模型 ADL（1，1），即有以下计量模型：

$$P_{rt} = \alpha P_{r,t-1} + \beta_0 D_{rt} + \beta_1 D_{r,t-1} + \gamma_0 X_{rt} + \gamma_1 X_{r,t-1} + \varepsilon_r + \vartheta_t + \nu_{rc} \tag{5.7}$$

上式中，P_{rt}和 D_{rt}分别代表劳均产出和就业密度的对数，X_{rt}代表控制变量向量，α、β、γ 为待估系数，ε_r 是区域固定效应，Q_t 为时期固定效应，V_{rc}为随机误差项。ε_r 的存在使估计偏误，面板估计技术就是去除其影响以提高估计效果。

参照布若哈特等（Brülhart，2008）的做法，基于集聚在一定时期的区域异质性变化与同期的物质资本、人力资本和价格因素的区域异质性变化不相关的假设，我们在面板模型中没有考虑物质资本和人力资本。以劳均产出的对数作为被解释变量，以就业密度的对数作为解释变量，以就业人数的对数（E）作为控制变量（变量描述见表5－5），对1988—2009年的各省区就业密度的生产率效应按照上述计量模型进行面板数据估计，估计结果见表5－6。

表5－5　变量描述性统计

	均值	标准差	最小值	最大值	样本数
P	0.1424	0.9895	－1.9583	2.7845	660
D	4.4929	1.5108	－0.1142	7.1533	660
E	7.3216	0.9564	4.6751	8.7303	660

表5－6　总体就业密度产出效应的回归结果

	OLS	FE	DIF－GMM	SYS－GMM
P（t－1）	0.992*** （328.15）	0.976*** （153.73）	0.936*** （60.94）	0.963*** （69.39）
D	－0.802*** （－9.27）	－0.813*** （－9.01）	－0.754*** （－8.86）	－0.682*** （－7.41）
D（t－1）	0.804*** （9.30）	0.919*** （9.43）	1.166*** （12.65）	0.832*** （9.75）
E	—	—	—	－0.207 （0.657）
E（t－1）	—	—	—	0.112 （1.201）
Constant	0.136*** （15.05）	－0.328 （－1.45）	－1.694*** （－2.86）	－1.346* （－1.66）
R^2	0.9947	0.9713		
Arellano－Bond test（p－value）			0.1361 （0.4904）	0.2902 （0.3447）
Hansen test			0.2303	0.4467
N	630	630	600	630

说明：（1）系数括号内为t检验值，*表示在10%水平上显著，**表示在5%水平上显著，***表示在1%水平上显著。（2）Arellano－Bond test上面为ar（1）检验，下面括号里为ar（2）检验。（3）Hansen test报告的是p检验值。

从估计结果来看，劳均产出率具有较强的依赖性，即劳均产出的水平依赖于其滞后期的水平。从就业密度的产出效应看，滞后一期的就业密度系数为正且保持较高的显著性水平，说明就业密度对劳均产出的正向促进作用十分明显。从SYS－GMM估计来看，就业人数对劳均产出并没有显示出明显的促进作用。

二 产业集聚生产率效应的分行业考量

以上对总体就业密度的产出效应进行了估计，但是对于不同部门和行业而言，具有不同的产业特征，由集聚所带来的知识溢出效应必然存在差异，表现在就业密度的产出弹性也应不同。对 1988—2009 年的各省区分行业（考虑到数据的可得性，选取包括食品、纺织、造纸、医药等在内的 14 个制造业行业）就业密度的产出效应按照计量模型（5.7）进行面板模型估计。为测度密度与生产率的长期关系即集聚的长期产出弹性，借鉴布若哈特等（Brülhart，2008）的做法，用公式 $\beta_{LR} = (\beta_0 + \beta_1) / (1 - \alpha)$ 对各行业的弹性值进行估算（并且通过对 $\beta_0 + \beta_1 = 0$ 进行 Wald 检验，以判断其弹性是否为长期效应），具体估计结果见表 5－7。

表 5－7　　行业就业密度产出效应回归结果（1）

	食品	纺织	烟草	造纸	石油
P（t－1）	－0.130 （－1.35）	0.531*** （3.50）	0.781*** （6.64）	0.871*** （5.44）	0.363 （1.52）
D（t）	0.904*** （3.98）	0.368** （2.38）	0.0885* （1.77）	0.263 （1.49）	0.641*** （4.02）
D（t－1）	0.712* （1.89）	0.465 （1.34）	0.0651 （0.88）	0.168 （0.52）	0.691*** （2.99）
E（t）	－1.518*** （－6.20）	－0.886*** （－3.57）	0.182 （0.84）	－0.511 （－1.49）	－0.805*** （－2.93）
E（t－1）	－1.571*** （－4.30）	－0.236 （－0.61）	－0.845*** （－4.67）	0.220 （0.96）	－0.555*** （－3.03）
constant	7.192*** （4.21）	3.320** （2.13）	1.038** （2.39）	1.424 （1.11）	4.464*** （3.63）
β_{LR}	1.4301*** （0.0002）	1.7761*** （0.0000）	0.7014*** （0.0000）	3.3411*** （0.0006）	2.0911*** （0.0001）
$\beta_0 + \beta_1$	1.616*** （0.0045）	0.833** （0.0202）	0.1536** （0.0198）	0.431*** （0.0004）	1.332*** （0.0000）
Arellano－Bond test （p－value）	0.0032 （0.1270）	0.0317 （0.7720）	0.0006 （0.3094）	0.0283 （0.4577）	0.0525 （0.2192）
Hansen test	0.3211	0.9233	0.6446	0.8834	0.8949
N	178	176	171	174	162

说明：系数括号内为 t 检验值，（1）* 表示在 10% 水平上显著，** 表示在 5% 水平上显著，*** 表示在 1% 水平上显著。（2）Arellano－Bond test 上面为 ar（1）检验，下面括号里为 ar（2）检验。（3）Hansen test 报告的是 p 检验值。（4）β_{LR} 和 $\beta_0 + \beta_1$ 括号内为 p 检验值。

表 5 – 7　　行业就业密度产出效应回归结果（2）

	化学	医药	化纤	黑色金属	金属制品
P（t-1）	0.679 *** (3.20)	0.813 *** (6.38)	0.844 *** (8.02)	0.587 *** (3.32)	0.651 *** (5.77)
D（t）	0.286 * (1.75)	0.282 * (1.84)	-0.00994 (-0.15)	0.531 *** (3.23)	0.187 (1.09)
D（t-1）	0.546 (1.24)	0.247 (0.84)	-0.0330 (-0.38)	0.455 * (1.65)	-0.154 (-0.46)
E（t）	-0.652 * (-1.74)	-1.213 *** (-2.96)	-0.0019 (-0.55)	-1.425 ** (-2.44)	-0.724 ** (-2.54)
E（t-1）	-0.502 (-1.30)	0.215 (0.73)	-0.0138 (-0.48)	-0.256 (-0.61)	0.226 (0.86)
constant	3.523 * (1.81)	2.378 * (1.73)	0.493 *** (5.26)	4.604 ** (2.27)	1.269 (1.08)
β_{LR}	2.5919 *** (0.0009)	2.8289 *** (0.0045)	-0.2753 ** (0.0265)	2.3874 *** (0.0001)	0.0946 *** (0.0039)
$\beta_0+\beta_1$	0.814 *** (0.0000)	0.529 *** (0.0029)	-0.0429 * (0.0793)	0.986 *** (0.0012)	0.033 *** (0.0000)
Arellano – Bond test (p – value)	0.1701 (0.4756)	0.0114 (0.7372)	0.0010 (0.9449)	0.0140 (0.1429)	0.0021 (0.2869)
Hansen test	0.2290	0.7632	0.6422	0.9430	0.3212
N	180	177	158	172	177

说明：系数括号内为 t 检验值，（1）* 表示在 10% 水平上显著，** 表示在 5% 水平上显著，*** 表示在 1% 水平上显著。（2） Arellano – Bond test 上面为 ar （1） 检验，下面括号里为 ar （2） 检验。（3） Hansen test 报告的是 p 检验值。（4） β_{LR} 和 $\beta_0+\beta_1$ 括号内为 p 检验值。

表 5 – 7　　行业就业密度产出效应回归结果（3）

	交运	电气机械	电子通信	仪器仪表
P（t-1）	0.698 *** (12.89)	0.865 *** (10.43)	0.867 *** (8.85)	1.148 *** (16.13)
D（t）	0.178 (1.29)	0.342 *** (3.46)	0.154 (1.58)	0.211 * (1.79)
D（t-1）	0.147 (0.88)	0.108 (0.94)	0.0760 (0.84)	-0.543 *** (-3.87)
E（t）	-0.832 *** (-3.26)	-0.749 *** (-9.08)	-0.631 *** (-4.53)	-0.339 ** (-2.37)
E（t-1）	0.565 * (1.69)	0.0727 (0.55)	0.383 * (1.79)	0.605 *** (2.89)
Constant	1.285 (1.31)	1.989 *** (4.24)	1.126 ** (2.19)	-0.446 (-0.97)

续表

	交运	电气机械	电子通信	仪器仪表
β_{LR}	1.0762 *** (0.0091)	3.3333 *** (0.0003)	1.7293 *** (0.0032)	2.2432 *** (0.0010)
$\beta_0+\beta_1$	0.325 * (0.0897)	0.45 *** (0.0000)	0.23 *** (0.0000)	-0.332 ** (0.0112)
Arellano - Bond test (p - value)	0.0040 (0.1169)	0.0012 (0.4092)	0.0067 (0.4215)	0.0016 (0.1055)
Hansen test	0.1045	0.6932	0.6612	0.9109
N	180	176	170	168

说明：系数括号内为 t 检验值，（1）* 表示在 10% 水平上显著，** 表示在 5% 水平上显著，*** 表示在 1% 水平上显著。（2） Arellano - Bond test 上面为 ar （1） 检验，下面括号里为 ar （2） 检验。（3） Hansen test 报告的是 p 检验值。（4） β_{LR} 和 $\beta_0+\beta_1$ 括号内为 p 检验值。

从 Arellano-Bond test 和 Hansen test 来看，模型拟合较好，模型设定不存在问题。从 β_{LR} 及其 $\beta_0+\beta_1$ 检验来看，行业的就业密度的长期产出弹性的估算是合适的，其显著性均通过了相关检验。从 β_{LR} 值的估算结果看，我国制造业行业的集聚产出弹性普遍较高，这说明长期以来我国地方保护、市场分割、重复建设等所导致的产业布局分散的问题比较突出，产业集聚度还普遍不高，产业集聚所带来的生产率效应的提升空间还很大。通过优化产业布局，促进产业通过跨地区进行并购重组实现向优势区位集聚可以大幅提升产出率，比如造纸业的 β_{LR} 高达 3.34，意味着造纸行业就业密度每提高 1% 可以使劳均产出率提高 3.34%。集聚的长期产出率效应比较明显的行业还有电气机械、医药、化学、黑色金属、仪器仪表、石油、纺织、电子通信、食品、交通运输等，其 β_{LR} 值均在 1.08 以上。烟草、金属制品的就业密度产出弹性则较低，化纤的 β_{LR} 值甚至为负值，说明这些制造行业通过集聚促进生产率提升的空间已不大，像化纤已经产生了集聚不经济现象。

整体而言，技术密集型产业相对于其他产业的产出弹性较高，主要原因是具有较高技术含量的企业的集中分布，更能够充分交流技术信息，发挥技术外溢等方面的好处。但一些劳动、资本密集型行业，通过集聚能更好地发挥规模经济效应，也具有较高的集聚产出弹性。从产业分布来看（参照表 3－2），技术密集型产业多分布在东部沿海地区，这些地区比其他地区从产业集聚中获得了更高的生产率提升效应。

三 产业升级与区域经济增长的可持续性

区域经济发展的过程伴随着产业结构高级化的过程，由三次产业来看，就业有从第一产业向第二产业再向第三产业转移的趋势，从产值结构来看表现为由第一产业为主向第二产业为主再向第三产业为主转变的过程。区域经济发展也同时伴随着产业升级的过程，表现为区域主导产业的演进以及产业技术层级的提升，比如从要素的集约程度上来看，区域主导产业有从劳动密集型产业向资本密集型产业再向知识技术密集型产业演进的趋势。

促使产业升级的因素有很多，其中技术的发展是主要的推动力，技术的发展可能使现在看来很有优势的技术先进的产业在一段时间后被淘汰，形成以新技术为主的新的优势产业。比如在第一产业内部，产业从粗放型农业向集约型农业再向生态农业的演进；在第二产业内部，产业从轻纺工业向基础型重化工业再向加工型重化工业发展；在第三产业内部，产业从传统型服务业向现代型服务业转变。

区域经济增长离不开产业的推动，其中主导产业的发展对区域经济增长意义重大。区域主导产业是指在区域经济发展各阶段中处于支配地位并能够代表区域经济发展方向的产业或产业群，能够在一定程度上主导区域经济的方向和水平，拥有较高的产业关联度，能够带动区内有关产业的发展。

产业发展具有阶段性，即经历新兴产业、朝阳产业、成熟产业、夕阳产业、衰退产业、淘汰产业等，主导产业往往是处于朝阳产业或成熟产业阶段的产业。当主导产业走向夕阳产业和衰退产业阶段时，需要有新的主导产业替代原有的产业，也就是说主导产业的升级与转型对于区域经济的可持续发展具有十分重大的意义。比如一些以煤炭、石油等资源开采为主导产业的地区，在资源枯竭时就面临产业转型的问题。

区域经济增长是一个动态演化的过程，由技术进步推动的产业升级是区域经济持续增长的动力来源。由于不同地区集聚的产业不同，集聚经济效应会存在差异，对经济增长的促进作用也不一样，如前所述，高技术产业的集聚产出效应高于其他产业，通过产业升级可以提高集聚经济效益。区域经济的可持续增长，需要通过促进产业的不断升级来实现。

第五节　小结

随着区域经济的发展，产业结构不断发生变动，这种变动表现为纵向的产业结构高级化和横向的产业结构合理化过程，产业结构的高级化和合理化又反过来成为推动区域经济发展的重要动力。区域经济发展过程中产业结构的变动必然引致区域集聚类型与行业的变化。

通过比较 1978 年、1988 年、1998 年和 2008 年几个年份的三次产业产值结构，发现产业结构变动整体上表现为一产降低、三产增加、二产相对稳定的特点，但各省区又有各自不同的变化规律。利用制造业行业就业数据，对上海 1987—2008 年的制造业进行区位熵分析，并把各年份区位熵大于 1 的行业列出，以通过专业化行业的变动反映出区域集聚行业的变化，发现上海制造业行业专业化程度比较高，在 20 个分析行业中有 8 个以上的行业的区位熵大于 1，其中 1997 年的专业化行业数达到 14 个。总体而言，上海制造业专业化行业的变动反映了技术进步所导致的产业升级和产业结构高级化过程，2008 年区位熵在前几位的行业均属于技术含量较高的行业。

知识溢出比较容易在空间相互邻近的企业间发生，这是集聚经济得以发挥作用的内在机理。这种集聚经济被称为动态外部性，具体可分为三种类型的外部性：MAR 外部性、Jocabs 外部性和 Poter 外部性。知识溢出建立在企业间商品服务交换或者人员的流动上，这就需要便捷的区域内部交通等基础设施网络的支持，所以在三种外部性的基础上，我们提出第四种外部性：区域网络外部性。利用 1988—2009 年的各省区面板数据，使用随机前沿生产函数方法中效率估计的一步法，研究了产业集聚类型对于区域经济增长效率的影响。估计结果表明，在控制市场化改革、对外开放、工业化、城市化等其他影响效率变量的基础上，多样化、竞争性、区域通达性都是我国区域经济增长生产效率的重要环境变量，对于区域经济增长效率具有不同程度的正向促进作用。区域生产效率具有显著的省际差异和地区差异，这种生产效率的地区差距已经成为缩小地区差距的重大障碍，制约着区域经济协调发展目标的实现。在区域经济发展过程中，促进产业集聚是提升区域经济增长效率的重要途径。

以劳均产出的对数作为被解释变量，以就业密度的对数作为解释变量，以就业人数的对数作为控制变量，对1988—2009年的各省区就业密度的生产率效应进行面板数据估计，发现劳均产出率具有较强的依赖性，即劳均产出的水平依赖于其滞后期的水平。从就业密度的产出效应看，滞后一期的就业密度系数为正且保持较高的显著性水平，说明就业密度对劳均产出的正向促进作用十分明显。从SYS-GMM估计来看，就业人数对劳均产出并没有显示出明显的促进作用。

以上对总体就业密度的产出效应进行了估计，但是对于不同部门和行业而言，具有不同的产业特征，就业密度的产出弹性也不同。对包括食品、纺织、烟草、造纸、石油、化学、医药、化纤等在内的14个制造业行业的就业密度的产出效应进行了估计，从估算结果看，造纸业保持最高的产出弹性，其次是电气机械、医药、化学、黑色金属、仪器仪表、石油、纺织、电子通信、食品、交运，烟草、金属制品、化纤的产出弹性则较低。

第六章

结论与政策建议

第一节 本书的主要工作

改革开放以来，中国经济保持了持续强劲的增长。在经济高速增长的同时，地域广袤的中国始终面临着区域经济差异问题，存在较大的区域经济差距。中国的区域经济差异在经济增长方面表现为增长的空间非均衡性，沿海地区相对于内陆地区保持了更快的增长。造成区域经济非均衡增长的原因是多方面的，有发展历史基础、区位、资源、技术等诸多原因，其中产业集聚因素不容忽视。截至目前，从产业集聚角度研究中国区域经济增长差异的文献还比较少见，这与主流经济学研究长期忽视空间因素不无关系。

虽然经济学对空间的关注历史悠久，但一直未能受到主流经济学的足够关注，直到克鲁格曼等人创立的新经济地理学诞生。新经济地理学基于不完全竞争和规模报酬递增的前提假设，D－S模型、冰山成本、动态演化和计算机的建模策略，成功地将空间因素纳入主流经济学的一般均衡分析框架中。几乎同时发展起来的新增长理论，从技术内生和规模收益递增出发，强调知识外溢、专业化的人力资本、劳动分工、研究与开发在经济增长中的作用，较好地解释了经济得以长期增长的原因和现实中区域经济差异的持续存在。可以说，新经济地理学和新增长理论为本书提供了较为坚实的理论基础。

本书在理论研究上，主要借鉴了马丁和奥塔维亚诺（Martin & Ottaviano，2001）的理论模型。因为这个模型整合了新经济地理的区位分析和新增长理论的增长分析，能够很好地说明集聚与经济增长相互促进的内生关系。基于理论模型，从中国的经济增长和产业集聚的实际出发，本书提出了四个待检验理论假说，这些理论假说包括：产业集聚形成与演化的区域特征方面的原因假说，区域经济增长差异的产业集聚水平因素假说，区域经济增长差异的产业集聚空间依赖因素假说，以及区域经济增长差异的产业集聚结构因素假说。实证研究上，针对以上提出的理论假说，运用改革开放以来中国省区层面的数据分别进行了实证检验。

具体而言，本书主要做了以下一些工作：

第一，对经济增长、产业集聚、经济增长与产业集聚等方面的相关文献进行了比较系统的梳理，对近年来有关产业集聚和经济增长的相关研究文献进行了较为全面的整理和综述。

第二，提出产业集聚形成与演化的区域特征方面的原因假说，不同区域的产业集聚形成演化与区域本身的特征有密切关系。以基于地级以上城市就业数据的 Theil 指数来测度我国省区内部产业集聚，对假说进行了实证检验。

在对几种产业集聚测度方法进行介绍和对比分析的基础上，综合运用行业集中度 CR_4、空间 Gini 系数、Theil 指数、区位熵、Krugman 专业化指数等指标测度了改革开放以来区域产业集聚水平的动态变动情况。使用就业数据，运用行业集中度 CR_4 指标测度了我国 1988—2008 年产业集聚的变动情况，分析了产业集聚及其变动的行业差异和区域差异。使用产业增加值数据，运用空间 Gini 系数指标对我国 1988—2008 年的制造业产业集聚状况进行了测度，分析了产业集聚的区域差异以及产业集聚变化的行业差异。使用地级以上城市的就业数据，测算了 1984—2009 年各省内部产业集聚的 Theil 指数，并分析了 Theil 指数及其变化的区域差异。使用行业就业数据，运用区位熵指标和 Krugman 专业化指标测算了各省区的制造业专业化及其变动情况；使用增加值数据，运用区位熵指标测算了各省区服务业专业化及其变化情况。

以 Theil 指数作为产业集聚被解释变量，以城市化、首位城市就业比重、市场潜力、市场化、基础设施、外贸依存度等区域特征变量作为解释变量，建立面板数据计量模型，对我国产业集聚形成与演化的区域特征进行了实证检验。

第三，提出区域经济增长差异的产业集聚水平因素假说。由于各区域所处的经济发展阶段不同，产业集聚水平存在较大区域差异，产业集聚的经济增长效应具有阶段性特征。在对中国改革开放以来区域经济增长差异和收敛性分析的基础上，利用巴罗长期增长模型对假说进行了实证检验。

运用统计数据，说明改革开放以来我国区域经济增长存在显著的空间分异，既表现为地区间差异也表现为省际差异。分别运用 σ 收敛、β 绝对收敛、β 条件收敛、收入动态方法等经济增长收敛检验方法，对 1978—2009 年的区域经济增长收敛性进行了实证检验。基于巴罗长期增长模型，控制政府消费份额、投资份额、人口增长率、高等教育人口比例、人口密度、开放度、城市化等变量，采用动态面板系统 GMM 估计技术，检验区域内部产业集聚对区域经济增长的影响。在实证结果的基础上，进一步分析了我国区域内部产业集聚与区域经济增长之间的空间分异及其阶段性变化规律。

第四，提出区域经济增长差异的产业集聚空间依赖因素假说，产业集聚的空间依赖性的存在，制约了正常的产业转移，是导致我国区域经济增长差异的重要因素。在分析产业集聚空间依赖的表现、形成原因及其影响的基础上，使用空间计量技术对假说进行了实证检验。

运用空间计量软件 GeoDa，对产业集聚和区域经济增长进行了空间分布分析，以及局域和全域空间自相关分析。运用考虑空间自相关因素的空间滞后面板模型（SLPDM）估计和空间误差面板模型（SEPDM），对产业集聚对区域经济增长的影响进行了空间计量模型分析。

第五，提出区域经济增长效率差异的产业集聚结构因素假说，不同区域集聚的产业类型与行业不同，是导致我国区域经济增长效率差异的重要因素。在对区域产业集聚结构差异进行分析的基础上，使用制造业数据对假说进行了实证检验。

通过分析说明区域间存在产业集聚行业的差异，这种差异来自于区域专业化分工，也来自于区域经济发展过程中产业结构的变动。通过比较 1978 年、1988 年、1998 年和 2008 年几个年份的各省三次产业产值结构，说明产业结构及其变动存在区域差异。以上海为例来说明区域集聚行业也在不断变动中，使用行业就业数据对上海 1987—2008 年的制造业进行区位熵分析，并把各年份区位熵大于 1 的行业列出，以通过专业化行业的变动反映出区域集聚行业的变化。

知识溢出比较容易在空间相互邻近的企业间发生，这是集聚经济得以发挥作用的内在机理。这种集聚经济被称为动态外部性，具体可分为三种类型的外部性：MAR 外部性、Jocabs 外部性和 Poter 外部性。知识溢出建立在企业间商品服务交换或者人员的流动上，这就需要便捷的区域内部交通等基础设施网络的支持，所以在三种外部性的基础上，我们提出第四种外部性：区域网络外部性。利用1988—2009年的各省区面板数据，使用随机前沿生产函数方法中效率估计的一步法，研究了产业集聚类型对于区域经济增长效率的影响。

选取14个制造业行业，以劳均产出的对数作为被解释变量，以就业密度作为解释变量，构建计量模型，运用动态面板系统GMM估计技术进行估计，以发现不同部门和行业的就业密度的产出弹性的差异，实证检验区域经济增长差异的行业集聚因素假说。根据实证结果，分析了推动产业升级对于区域经济实现可持续性增长的重要意义。

第二节　本书的主要结论

本书试图弥补已有经济增长差异研究在空间因素方面的不足，从产业集聚的视角研究中国区域经济增长差异问题。基于产业集聚与区域经济增长内生互动的理论模型，根据改革开放以来中国产业集聚与区域经济增长差异的实际情况，本书提出了四个待检验理论假说，并通过实证研究证实了这四个理论假说。通过本研究，得到的总体结论是：不同区域产业集聚形成与演化具有其内在规律性，受到区域特征方面因素的深刻影响；区域经济增长差异受到产业集聚水平及其空间依赖因素的重要影响；区域经济增长效率差异受到产业集聚结构因素的影响；促进欠发达地区经济增长向经济发达地区的追赶式收敛，缩小区域经济差距与协调区域经济发展，必须充分重视产业集聚因素。

具体而言，本书的主要结论是：

第一，从总体上而言，我国产业集聚处于集聚度不断提升的阶段，产业集聚存在显著的行业差异和区域差异。运用行业集中度和空间Gini系数对我国各省区1988—2008年的制造业产业集聚进行了测算，均发现产业集中度不断提升的证据，产业集聚度提高幅度最大的行业是造纸和纸制品业、电气机械和器材制造业、计算机通信和其他电子设备制造业、仪器仪表制造业、纺织服装服饰业、金属制品业等。行业集中度CR_4的分析发现，沿海地区制造业比较发达，2008年20个制造业排名前四的省区中，多为沿海省份，比如江苏在20个行业中前四的排名中出现了17次，山东出现了 16 次。

从分行业的产业集聚来看，技术密集型行业的集聚度显著高于其他行业，这些技术密集型行业主要集中于上海、广东、江苏、浙江等沿海经济发达、科技水平较高的地区。2008 年的化学纤维制造业、计算机通信和其他电子设备制造业、仪器仪表制造业、电气机械和器材制造业等的空间 Gini 系数分别高达 0.8165、0.8030、0.7319、0.6924。

根据各省从 1984—2009 年 Theil 指数的平均值，把其分为高集聚度（广东、福建、陕西、甘肃、内蒙古、贵州）、中集聚度（湖北、黑龙江、江西、宁夏、四川）、低集聚度（河北、辽宁、云南、山西、安徽、吉林、广西、江苏、浙江、河南、湖南、山东）三种类型。按照从 1984 年到 2009 年 Theil 指数的变化特征，把各省产业集聚变动类型划分为 U 型、L 型、J 型、平稳型等。

第二，产业集聚结构的区域差异明显，各区域集聚结构的变化既具有稳定性特征又具有变动性特征。用区域专业化来反映区域产业集聚结构，使用制造业数据测算了 1988 年、1999 年与 2008 年三年的各省区的区位熵，并列出其区位熵较大的行业，发现各省区均有专业化优势比较突出的行业，尤其是一些省区因拥有发展工业的特殊资源优势而具有比较高的区位熵。比如云南、贵州的烟草制品业区位熵分别高达 14.8762、8.5864；山西、新疆、黑龙江的石油加工及炼焦业，云南、甘肃、江西、湖南的有色金属冶炼及压延加工业，海南的农副食品加工业等都有较高的区位熵。使用服务业数据测度的区位熵，也发现明显的区域差异，服务业专业化优势比较明显的省区是北京、西藏、青海、上海、宁夏、海南、广东、天津等。

运用制造业数据进行的 Krugman 专业化指数测度，发现各省区专业化存在明显的区域差异，从 1988 年到 2008 年各省专业化指数不断提高，反映出区域专业化分工呈现出不断增强的趋势。

第三，产业集聚形成与演化有其内在规律性，受到区域特征方面因素的深刻影响。以 Theil 指数作为被解释变量，以城市化、首位城市就业比重、市场潜力、市场化、基础设施、外贸依存度作为解释变量，建立面板数据模型并进行估计。发现产业集聚水平显著依赖于其滞后期的集聚水平，说明产业集聚本身具有累积效应。各解释变量中，最为显著的是首位城市就业比重以及市场化变量。当期的首位城市就业比重促进了 Theil 指数的提高，反映了区域增长极在区域经济结构变动中的重要作用。滞后一期的市场化变量与外贸依存度变量系数为正且以很高的显著性水平通过检验，说明市场化改革和对外开放是促进区域内部产业集聚的两个重要推动力。滞后一期城市化变量系数为正，说明城市化有利于区域产业集聚。交通基础设施和市场潜力对区域内部产业集聚的影响不明显。

第四，中国区域经济增长在地区间和省区间都存在明显差异，区域经济增长收敛具有阶段性特征，且存在显著的条件收敛。1978—2009 年各省区以 1978 年不变价格核算的人均 GRP 年均增速平均达 9. 38%，2003—2009 年更是达到年均 12. 03% 的高速增长。从分阶段的平均增速可以看出，我国区域经济增长在深化改革开放的背景下呈现出不断加速的过程，1978—1990 年各省区真实人均 GRP 年均增速为 7. 62%，1990—2003 年增加到年均 9. 82%，2003—2009 年更是高达 12. 03%。各省区经济增长存在显著的空间分异，表现为有的省份经济增长较快，有的省份经济增长较慢。从 1978 年到 2009 年，真实人均 GRP 增长率较快（年均在 10% 以上）的省区有浙江、江苏、福建、内蒙古、广东、山东、海南、河南，而贵州、青海、宁夏、黑龙江则相对较慢。经济增长的地区差异也很明显，东部地区经济增长最快，其次是中部地区、西部地区、东北地区。

对 1978—2009 年的各省区经济增长进行 σ 收敛分析，发现区域经济增长收敛具有阶段性特征，可以分为三个阶段：1978—1990 年的收敛阶段、1990—2003 年的发散阶段、2003—2009 年的收敛阶段。收入动态分布方法发现 1978—1990 年、1990—2003 年两个时段均表现为发散的特征，但在 2003—2008 年出现收敛迹象。对 1978—2009 年的各省区经济增长进行 β 收敛分析，发现不存在绝对收敛，却存在显著的条件收敛。物质资本、人力资本、人口增长率、市场化、外商直接投资、城市化、政府参与度等，是改革开放以来区域经济增长收敛的重要条件，决定了区域经济增长的不同稳态，也是导致区域经济增长差异的主要原因。

第五，中国区域经济增长差异受到产业集聚水平因素的影响，产业集聚的经济增长效应具有显著的空间分异和阶段性特征。基于巴罗长期增长模型，构建产业集聚与区域经济增长的计量模型，估计结果说明区域内部产业集聚水平对区域经济增长具有促进作用。我国各省区集聚与增长的关系符合“威廉姆森假说”，集聚的增长效应在相对落后地区表现更加明显，比如云南、广西、安徽、湖南、陕西等省区；集聚的增长负效应比较明显的省区是东部沿海比较发达的山东、江苏、浙江等省区。区域经济所处发展阶段不同，导致区域内部的产业集聚水平对经济增长的影响也不同。沿海经济发达地区的区域经济结构已经步入由极核扩散的阶段和高水平的均衡阶段，所以 Theil 指数较低，集聚的增长效应为负效应，比如江苏、浙江、山东等。中西部地区的区域经济结构还处于极核式集聚发展阶段，集聚对经济增长的促进作用明显，比较典型的省区是云南、广西、陕西、安徽等省区。

第六，中国区域经济增长差异受到产业集聚空间依赖因素的影响，产业集聚的空间依赖性的存在，扩大了区域经济增长差异。产业集聚的空间依赖性，从根本上表现为企业的本地根植性。由于产业集聚空间依赖，产业集聚区和非集聚区的发展差距，在循环累积因果律的作用下具有扩大的趋势。产业集聚的空间依赖制约了正常的产业转移，不利于缩小区域经济差距和实现区域经济协调发展。

用空间计量软件 GeoDa 绘制出产业集聚和区域经济增长的空间分布四分位图，发现我国产业集聚和区域经济增长均呈现出明显的空间分异，都具有大致呈阶梯状由东南沿海向西北内陆降低的趋势。对产业集聚与经济增长进行全域空间自相关（Moran's I）分析，发现产业集聚和区域经济增长均存在显著的正向空间自相关关系。对产业集聚和区域经济增长测算双变量 Moran's I 指数，发现产业集聚对区域经济增长的影响具有正自相关特征，产业集聚对区域经济增长正向促进的地区相互邻近，产业集聚对区域经济增长负向影响的地区相互邻近。对各省产业集聚水平进行局域空间自相关（LISA）分析，发现产业集聚分布有四种空间自相关类型：广东、福建、江西、湖北、贵州属于高高类型，山东、江苏、安徽、河南、山西、吉林、辽宁属于低低类型，内蒙古、陕西、河北属于高低类型、云南、广西、湖南、浙江属于低高类型。

运用考虑空间自相关因素的空间滞后面板模型（SLPDM）估计和空间误差面板模型（SEPDM），对产业集聚对区域经济增长的影响进行了空间计量模型分析。在控制了其他影响区域经济增长的因素并考虑到空间自相关因素后，我们得到产业集聚对区域经济增长具有显著促进作用的结论。在影响区域经济增长的各变量中，产业集聚、投资份额、人力资本、市场化、开放度、城市化等都是促进区域经济增长的重要因素，尤其是城市化和投资份额变量系数较大，具有较高的增长弹性，说明城市化和投资推动是我国区域经济增长的主要动力来源。其次是市场化和开放度变量也具有较高的弹性，显示出改革开放是促进区域经济增长的强大动力。

第七，中国区域经济增长效率差异受到产业集聚结构因素的影响，不同区域集聚产业的类型行业不同，集聚后产生的动态外部性不同，对区域经济增长效率的贡献也不同。

区域经济发展过程中，伴随着产业升级和产业结构高级化的过程，并引起产业集聚行业发生变化。通过比较从1978年到2008年各省三次产业产值结构的变化，发现整体上表现为一产降低、三产增加、二产相对稳定的总特点，但各省区又有各自不同的变化规律。以上海为例分析了区域产业集聚行业的变化，对上海1987—2008年的制造业进行区位熵分析，发现上海制造业行业专业化程度比较高，上海制造业专业化行业的变动反映了技术进步所导致的产业升级和产业结构高级化过程。

利用1988—2009年的各省区面板数据，使用随机前沿生产函数方法中效率估计的一步法，研究了产业集聚类型对于区域经济增长效率的影响。估计结果表明，在控制市场化改革、对外开放、工业化、城市化等其他影响效率变量的基础上，专业化、多样化、竞争性、区域通达性都是我国区域经济增长生产效率的重要环境变量，对于区域经济增长效率具有不同程度的正向促进作用。区域生产效率具有显著的省际差异和地区差异，这种生产效率的地区差距已经成为缩小地区差距的重大障碍，制约着区域经济协调发展目标的实现。在区域经济发展过程中，促进产业集聚是提升区域经济增长效率的重要途径。

以劳均产出的对数作为被解释变量，以就业密度的对数作为解释变量，以就业人数的对数作为控制变量，对1988—2009年的各省区就业密度的生产率效应进行面板数据估计，发现就业密度对劳均产出的正向促进作用十分明显。对于不同部门和行业而言，具有不同的产业特征，就业密度的产出弹性也不同。对包括食品、纺织、烟草、造纸、石油、化学、医药、化纤等在内的14个制造业行业的就业密度的产出效应进行了估计，从估算结果看，造纸业保持最高的产出弹性，其次是电气机械、医药、化学、黑色金属、仪器仪表、石油、纺织、电子通信、食品、交运，烟草、金属制品、化纤的产出弹性则较低。

第三节　政策建议

我国区域经济格局是随着区域经济政策的调整而不断发展的。总体来看，我国区域经济政策经历了从平衡发展到非平衡发展，再到协调发展的演变过程。新中国成立后我国区域经济政策的基本特征是平衡发展，这种追求公平的区域经济政策不符合区域经济发展规律，不利于总体生产效率的提高。改革开放后，区域经济政策从注重公平的平衡发展向注重效率的非平衡发展转变，一系列向东部沿海地区倾斜的政策措施，加快了东部沿海地区经济的发展，使东部沿海地区特别是东南沿海地区成为推动我国国民经济持续高速增长的经济核心区。非平衡发展促进了我国国民经济的快速发展，但也拉大了我国区域经济增长差异，东、中、西部的发展差距趋于扩大。2000 年以来，国家相继推出"西部大开发"、"东北振兴"、"中部崛起"等区域发展战略，我国区域经济政策开始转向区域经济协调发展。区域经济协调发展是实现国民经济和社会可持续发展的需要，是科学发展观的内在要求。

形成区域经济发展差距的原因是多方面的，缩小区域经济发展差距具有复杂性和艰巨性。虽然国家给予西部、中部和东北地区政策层面的更多支持，但由于东部地区的先发优势和强大的自我发展能力，区域经济发展差距很难在短时间内得到缩小。根据本书的研究，在缩小区域经济增长差异和区域经济发展差距、实现区域经济协调发展中，必须重视产业集聚因素的影响。

根据本书的研究结论，提出以下政策建议。

一 发挥区域比较优势，促进区域特色产业集聚

本书研究结论显示，区域产业集聚具有其本身内在的规律，是与区域特征密切相关的。区域在资源禀赋、区位、发展进程等方面具有不同的特征，是影响产业集聚形成与演变的重要因素。同时，产业集聚又是和区域专业化分工相关联的过程，是生产专业化的空间表现形式。不同区域应基于各自的比较优势，在劳动地域分工的基础上形成专业化的特色产业集聚。这样不仅能够减少区域间因产业雷同所引发的区域间恶性竞争，形成分工协作、错位竞争的格局，而且更有利于各自区域竞争力的提升。比如，有色金属资源丰富的地区，可以形成有色金属采选采选、冶炼、压延和加工等相关产业集聚；大学和科研院所集中的地区，可以发挥科研优势，形成高新技术产业集聚等。

立足区域比较优势，促进区域特色产业集聚，可以使区域专注于某类

或某几类产业，促使其进一步形成产业集群，发挥区域产业集群优势。产业集群和产业集聚既有区别又有联系，它是指处于同一特定产业领域的相互关联企业及相关机构的地域集中并发展形成具有持续竞争优势的经济群体。在区域特色产业集聚的基础上，积极培育和支持产业集群的形成和发展，可以进一步增强区域经济竞争力，不断壮大区域经济实力，加快区域经济发展。

地方政府应在充分调研的基础上，准确定位区域特色产业，并做出中长期发展规划，以发挥规划引领的作用，保障区域特色产业的持续健康发展。对于区域特色产业发展给予土地、税收等政策方面的优惠和支持，在招商引资中把区域特色产业作为重点，吸引特色产业及其相关配套产业在区域的集中，促进特色产业集群的形成和发展。

如果区域之间存在产业同构，就会导致重复建设、加剧区际竞争，并带来地方市场封锁、要素流动受限等问题，使区际关系趋于恶化。发挥区域比较优势，促进区域特色产业集聚，有利于形成优势互补、合理分工、良性互动、协调发展的区域经济新格局。

二　优化产业空间布局，提高区域产业集聚的经济增长效应

区域经济所处发展阶段不同，具有不同的空间经济结构特征，导致区域内部的产业集聚水平对经济增长的影响也不同。我国各省区集聚与增长的关系符合“威廉姆森假说”，集聚的增长效应在相对落后地区表现得更加明显，而东部沿海比较发达地区集聚的增长负效应比较明显。区域内部产业集聚是区域经济空间结构的反映，是和区域产业空间布局密切相关的。或者说，产业空间布局的变化导致区域空间结构的变迁，从而使区域内部产业集聚水平发生改变。所以，我们应根据不同区域所处的发展阶段，以及集聚经济增长效应的差异，采取不同的优化产业空间布局的政策，以提高区域产业集聚的经济增长效应，更好地发挥空间经济效益。

对于中西部欠发达地区而言，仍处于集聚增长效应“倒U型”曲线的左端，集聚的经济增长效应明显，产业空间布局优化应以集聚为主。要加快工业化进程，走以信息化带动工业化的新型工业化道路。要有序推动城市化，促进工业化和城市化协同发展。在城市化过程中，不仅注重构建由不同层级的城市组成的城市体系，更应注重培育和发展具有一定规模的大城市，发挥中心城市的区域增长极作用，带动区域经济发展。要引导企

业向园区集中，产业向优势区位集聚，通过产业的空间整合，优化产业空间布局，提高区域产业集聚力和竞争力。

对于东部沿海发达地区而言，一些地区已经处于集聚增长效应“倒U型”曲线的右端，集聚的经济增长负效应明显，产业空间布局优化应以扩散为主。从区域经济空间结构演变来看，这些地区已经从极核式、点轴式向网络式转变，所以在产业布局优化中应以促进区域产业均衡发展为主，促使产业由中心城市向外围适度扩散，减少或避免过度集聚所带来的拥挤效应。东部沿海发达地区城市较多，比如长三角地区、珠三角地区、环渤海地区等都形成了具有一定规模的城市群，优化产业布局，应注重城市间的产业分工协作，发挥城市群的整体竞争力。

要本着因地制宜的原则，根据个地区经济发展的阶段、产业集聚程度以及产业集聚增长效应的情况等，制定适宜的产业空间结构调整策略，以提高空间利用效率，发挥集聚对区域经济增长的促进作用。

三　加快产业结构调整，促进区域经济可持续增长

由于不同地区集聚的产业不同，集聚经济效应会存在差异，对经济增长的促进作用也不一样，本书研究表明高技术产业的集聚产出效应高于其他产业，因此通过产业升级可以提高集聚经济效益。产业结构是否合理，产业间的比例是否协调，产业结构是否和区域经济发展的自然资源等禀赋条件相适应，都会影响和制约区域经济增长和发展。为促进区域经济可持续增长，需要不断地对区域产业结构进行调整，促进产业结构向合理化和高级化的方向发展。

产业结构调整应坚持政府引导和市场主导的原则，充分发挥市场配置资源的基础作用和企业的主体作用。要处理好传统产业和新兴产业的关系，鼓励运用先进技术、适用技术改造和提升传统产业，加快发展服务业特别是现代服务业，大力发展高新技术产业。加强自主创新，把增强自主创新能力作为产业结构调整的关键环节，以自主创新提高产业技术水平和促进产业升级。充分发挥企业创新主体作用，形成产学研合作的长效机制，政府可以设立专项资金，重点支持企业在品种质量、节能降耗、环境保护、装备水平、安全生产和促进信息化与工业化融合等环节所进行的技术改造。通过支持企业兼并重组提升产业整体实力，淘汰落后产能，抑制一些行业产能过剩和重复建设。积极推进节能减排降耗，大力发展绿色经

济和循环经济。

中西部欠发达地区仍处于工业化中期阶段，产业结构调整应以加快工业化进程为主。要以信息化带动工业化，正确处理工业化、信息化和城镇化的关系，走新型工业化的道路。立足地区资源优势，发展资源深加工产业，延长产业链，提高产品附加价值。通过引进技术和自主创新，不断提升产业技术水平，努力推进转型升级。要从主要依靠规模扩张、过度消耗能源资源的粗放发展向注重效率、注重发展质量和效益的可持续发展方向转变。通过兼并重组提高产业集中度，增强产业竞争力。

东部沿海发达地区已经进入工业化后期，产业结构调整应注重发展先进制造业和现代服务业。制造业发展上要高端化，促使制造由低附加值的装配环节向研发、设计、技术服务、营销等高附加值环节集中。大力发展高新技术产业，积极发展战略新兴产业，不断培育经济新增长点。要构建以企业为主体、社会各方共同参与的区域创新体系，增强科技创新能力和科技成果产业化能力，不断提高区域创新能力，率先形成创新驱动的发展格局。采取有力措施，切实推进节能减排降耗，发展循环经济和绿色经济，率先创建资源节约型、环境友好型社会。

当前，我国已进入必须以结构调整和转型升级促进发展的新阶段，产业结构调整具有深远的意义。要抓住当前的战略机遇期，把结构调整尤其是产业结构调整作为转变经济发展方式的主攻方向，以促进区域经济可持续发展。

四　推动区际产业转移，实现区域经济协调发展

改革开放后，东部沿海地区相对于中西部内陆地区集聚了更多产业，获得了更快的增长。按照“梯度转移”理论，当东部地区发展到一定程度，产业会自动向较低梯度的中西部转移，从而缩小区域经济差距。但现实的情况是，东部地区的产业集聚具有较为强大的空间依赖性，加上地方政府出于政绩考虑的挽留等阻碍，区际产业转移并非自然而顺畅地进行，区域经济差距也不会自动缩小。只有破除产业转移的阻碍，推动区际产业有序转移，才能缩小区域经济增长差异和区域经济差距，实现区域经济协调发展。

东部地区作为我国重要的制造业基地，产业结构优化升级任务艰巨，需要通过向外转移大量产业以“腾笼换鸟”，使其可以利用区域有限资源

来发展高端制造业和现代服务业。中西部地区积极承接东部地区的转移产业，有利于提升其生产技术水平，增强区域产业能级。区际产业转移不仅有利于东部发达地区的产业升级，而且有利于中西部欠发达地区加快工业化进程。东部地区要大力发展新兴产业以培育新的经济增长点，推动产业升级和积极淘汰落后产能，促使一些传统产业向外转移。中西部地区要着力改善投资环境，积极承接产业转移。加强产业转移的对接和深化区域经济合作，实现地区间良性互动发展。

加强在产业转移中的政府引导、规划引领的作用，政府部门要创新管理方式方法，加强和改善对产业转移的指导，并通过制定产业转移相关规划，引领产业转移有序进行。要坚持产业转移的市场导向原则，遵循市场规律，尊重各类企业在产业转移中的主体地位，充分发挥市场配置资源的基础性作用。中西部地区应加强投资环境建设，切实加强水、电、路等基础设施方面的规划和建设，逐步改善转移硬环境；通过规范部门管理、简化办公程序、转变工作作风等逐步改善产业转移的人文环境、政策环境和服务环境。依托产业基础和劳动力、资源等优势，确定重点承接产业，围绕重点产业发展相关配套产业，形成具有竞争力的产业集群，以改善产业转移的承接环境，增强对转移产业的吸引力。完善土地、劳动力等各种要素市场，为转移产业提供土地、劳动力、资金、技术等方面的支持。贯彻落实科教兴国战略，大力发展科技教育事业，支持职业技术教育和职业培训的发展，为转移产业提供充足的人才资源与智力支撑。加强区际产业转移的统筹协调，建立长效的产业对接平台和综合信息服务平台，建立互利共赢的产业转移机制。在产业转移流量较大的区域间，建立跨区域的产业转移促进与协调机构，平衡产业转移地与承接地的利益诉求，化解区际矛盾冲突。充分发挥行业协会、商会的桥梁和纽带作用，搭建产业转移促进平台。

推动东部地区产业向中西部地区的有序转移，有利于东部地区产业升级和提高资源配置效率，有利于中西部地区加快工业化进程和提升科技水平，是实现区域经济协调发展的重要途径。

第四节 进一步研究的展望

由于我国幅员辽阔，各地区区域经济发展条件各异，导致存在显著的区域经济差异问题。本书尝试从产业集聚的视角研究我国区域经济增长差异问题，并得出了一些对于我国区域经济协调发展有益的结论。但本书仍存在一些不足，未来研究需要从以下一些方面予以加强。

首先，理论方面需要加强，根据我国的现实国情，构建具有较强解释力的产业集聚与区域经济增长关系的理论模型。

其次，实证方面，应从经济区层面或更小的行政区单位层面进行产业集聚与区域经济增长差异的研究，以提供更多的经验证据，并指导相应区域的生产实践。

最后，可以尝试用不同的集聚测度方法，尤其是使用微观数据来测度区域产业集聚度。扩展产业集聚行业的研究，比如从制造业扩展到服务业，并按照不同的行业分类进行研究等。

附录

各省区的制造业专业化行业及其变化

	1988 年	1999 年	2008 年
北京	炼焦、煤气及煤制品业（2.5698） 电子及通信设备制造业（2.4091） 仪器仪表及其他计量器具制造业（2.1749） 交通运输设备制造业（1.5630）	石油加工及炼焦业（2.3171） 食品制造业（1.4922） 专用设备制造业（1.3189） 交通运输设备制造业（1.2868）	仪器仪表及文化办公机械制造业（2.1410） 医药制造业（2.0940） 专用设备制造业（1.8683） 饮料制造业（1.6593）
天津	化学纤维工业（1.9522） 电子及通信设备制造业（1.7821） 炼焦、煤气及煤制品业（1.5234） 金属制品业（1.4995）	金属制品业（2.0329） 电子及通信设备设备制造业（1.8028） 交通运输设备制造业（1.6434） 仪器仪表及文化办公机械制造业（1.6327）	黑色金属冶炼及压延加工业（2.3019） 交通运输设备制造业（1.7968） 金属制品业（1.7668） 专业设备制造业（1.5032）
河北	造纸及纸制品业（1.1735） 黑色金属冶炼及压延加工业（1.4985） 化学工业（1.0954） 纺织业（1.0811）	黑色金属冶炼及压延加工业（1.9299） 非金属矿物制品业（1.3369） 医药制造业（1.3173） 造纸及纸制品业（1.2999）	黑色金属冶炼及压延加工业（4.0207） 石油加工及炼焦业（1.5376） 非金属矿物制品业（1.3735） 医药制造业（1.2895）
山西	炼焦、煤气及煤制品业（4.2028） 黑色金属冶炼及压延加工业（2.2718） 化学工业（1.8046） 化学纤维工业（1.3375）	石油加工及炼焦业（4.6403） 黑色金属冶炼及压延加工业（2.4315） 有色金属冶炼及压延加工业（2.1821） 化学原料及化学制品制造业（1.4986）	石油加工及炼焦业（7.4920） 黑色金属冶炼及压延加工业（1.9108） 有色金属冶炼及压延加工业（1.6116） 化学原料及化学制品制造业（1.0293）
内蒙古	黑色金属冶炼及压延加工业（2.4682） 食品制造业（1.7198） 饮料制造业（1.4304） 金属制品业（1.2083）	黑色金属冶炼及压延加工业（3.1441） 饮料制造业（2.4182） 有色金属冶炼及压延加工业（1.7471） 食品制造业（1.6324）	黑色金属冶炼及压延加工业（2.6126） 食品制造业（2.0932） 有色金属冶炼及压延加工业（2.0625） 饮料制造业（1.7379）

续表

	1988 年	1999 年	2008 年
辽宁	石油加工业（2.1926） 黑色金属冶炼及压延加工业（2.1266） 电气机械及器材制造业（1.2955） 机械工业（1.2464）	黑色金属冶炼及压延加工业（2.5201） 石油加工及炼焦业（1.6872） 通用设备制造业（1.3646） 交通运输设备制造业（1.2910）	黑色金属冶炼及压延加工业（2.1579） 通用设备制造业（1.7682） 石油加工及炼焦业（1.6385） 农副食品加工业（1.5091）
吉林	医药工业（2.2803） 交通、运输设备制造业（2.1302） 饮料制造业（1.7395） 化学纤维工业（1.2110）	交通运输设备制造业（2.8458） 化学纤维制造业（2.0406） 医药制造业（1.8801） 化学原料及化学制品制造业（1.5074）	医药制造业（3.0679） 交通运输设备制造业（2.6009） 农副食品加工业（2.1682） 饮料制造业（2.0745）
黑龙江	石油加工业（3.4992） 饮料制造业（1.6968） 食品制造业（1.6126） 橡胶制品业（1.3474）	石油加工及炼焦业（2.9992） 饮料制造业（1.6789） 医药制造业（1.5254） 造纸及纸制品业（1.5133）	石油加工及炼焦业（3.1337） 农副食品加工业（1.8138） 医药制造业（1.7334） 饮料制造业（1.4985）
上海	化学纤维制造业（3.3259） 仪器仪表及其他计量器具制造业（1.9546） 电子及通信设备制造业（1.8554） 金属制品业（1.2988）	仪器仪表及文化办公机械制造业（1.9770） 金属制品业（1.7580） 化学纤维制造业（1.7475） 电气机械及器材制造业（1.5971） 专用设备制造业（1.3024）	金属制品业（1.8816） 通用设备制造业（1.8281） 仪器仪表及文化办公机械制造业（1.7100） 交通运输设备制造业（1.6372）
江苏	电子及通信设备制造业（1.5697） 化学纤维工业（1.4148） 纺织业（1.4105） 塑料制品业（1.2678）	化学纤维制造业（1.6632） 纺织业（1.5941） 通用设备制造业（1.4490） 金属制品业（1.1297）	造纸及纸制品业（5.9265） 化学纤维制造业（1.9398） 纺织服装鞋帽制造业（1.4780） 纺织业（1.4009）
浙江	塑料制品业（1.8998） 纺织业（1.5753） 电气机械及器材制造业（1.2882） 仪器仪表及其他计量器具制造业（1.2160）	纺织业（1.8543） 化学纤维制造业（1.6891） 电气机械及器材制造业（1.5014） 金属制品业（1.3902）	化学纤维制造业（2.6784） 纺织业（2.0988） 纺织服装鞋帽制造业（1.8133） 通用设备制造业（1.8091）
安徽	烟草加工业（1.6503） 饮料制造业（1.5501） 食品制造业（1.3142） 造纸及纸制品业（1.1134）	饮料制造业（2.1884） 烟草加工业（2.0181） 纺织业（1.3926） 化学原料及化学制品制造业（1.1237）	烟草制品业（2.0538） 饮料制造业（1.8770） 医药制造业（1.2837） 农副食品加工业（1.2684）

续表

	1988 年	1999 年	2008 年
福建	塑料制品业（2.1445） 食品制造业（2.2621） 造纸及纸制品业（1.8687） 饮料制造业（1.8237）	电子及通信设备制造业（2.2709） 食品制造业（2.1214） 造纸及纸制品业（1.7211） 非金属矿物制品业（1.4437）	纺织服装鞋帽制造业（2.5865） 非金属矿物制品业（1.9321） 造纸及纸制品业（1.8075） 食品制造业（1.7355）
江西	化学纤维工业（1.6481） 医药工业（1.4784） 交通、运输设备制造业（1.3114） 饮料制造业（1.2813）	有色金属冶炼及压延加工业（1.7533） 医药制造业（1.5211） 非金属矿物制品业（1.3794） 饮料制造业（1.2439）	有色金属冶炼及压延加工业（3.0091） 医药制造业（2.3141） 非金属矿物制品业（1.6617） 化学原料及化学制品制造业（1.4641）
山东	石油加工业（2.1458） 纺织业（1.4104） 食品制造业（1.1906） 造纸及纸制品业（1.1789）	造纸及纸制品业（1.7200） 石油加工及炼焦业（1.5977） 纺织业（1.4217） 专用设备制造业（1.3863）	农副食品加工业（2.4800） 纺织业（1.6098） 食品制造业（1.4449） 造纸及纸制品业（1.3307）
河南	烟草加工业（2.2725） 造纸及纸制品业（1.3715） 医药工业（1.2809） 化学工业（1.2178）	烟草制品业（1.7679） 专用设备制造业（1.6952） 食品制造业（1.6916） 非金属矿物制品业（1.4498）	食品制造业（2.0218） 有色金属冶炼及压延加工业（1.8105） 非金属矿物制品业（1.7891） 烟草制品业（1.6989）
湖北	交通、运输设备制造业（1.6034） 烟草加工业（1.4928） 黑色金属冶炼及压延加工业（1.4336） 纺织业（1.2995）	交通运输设备制造业（1.8938） 烟草制品业（1.3882） 纺织业（1.2651） 黑色金属冶炼及压延加工业（1.2229）	交通运输设备制造业（2.0764） 黑色金属冶炼及压延加工业（1.7713） 烟草制品业（1.6909） 饮料制造业（1.5815）
湖南	烟草加工业（2.1942） 交通、运输设备制造业（1.6034） 化学工业（1.4442） 黑色金属冶炼及压延加工业（1.4336）	烟草制品业（2.3921） 有色金属冶炼及压延加工业（1.9877） 石油加工及炼焦业（1.6460） 非金属矿物制品业（1.6140）	烟草制品业（4.4420） 化学原料及化学制品制造业（2.2430） 有色金属冶炼及压延加工业（2.1024） 非金属矿物制品业（1.5696）
广东	塑料制品业（1.9538） 石油加工业（1.7809） 电气机械及器材制造业（1.6245） 医药工业（1.6116）	电子及通信设备制造业（3.9955） 电气机械及器材制造业（2.2230） 仪器仪表及文化办公机械制造业（2.0790） 金属制品业（2.0307）	电气机械及器材制造业（2.3120） 仪器仪表及文化办公机械制造业（2.0791） 金属制品业（1.8305） 纺织服装鞋帽制造业（1.6525）
广西	食品制造业（2.6549） 烟草加工业（2.3921） 医药工业（1.3418） 橡胶制品业（1.2223）	有色金属冶炼及压延加工业（2.1723） 食品制造业（1.6947） 烟草加工业（1.6870） 非金属矿物制品业（1.6361）	农副食品加工业（2.5421） 非金属矿物制品业（1.8111） 饮料制造业（1.7278） 造纸及纸制品业（1.6316）

续表

	1988 年	1999 年	2008 年
海南	橡胶制品业（5.2730） 食品制造业（4.3510） 化学纤维工业（3.2224） 电子及通信设备制造业（1.4658）	化学纤维制造业（4.0426） 食品制造业（3.5690） 医药制造业（3.1039） 饮料制造业（2.9829）	农副食品加工业（4.8776） 医药制造业（3.5746） 食品制造业（2.6694） 造纸及纸制品业（2.6347）
四川	饮料制造业（1.6448） 黑色金属冶炼及压延加工业（1.3768） 食品制造业（1.2433） 造纸及纸制品业（1.1891）	黑色金属冶炼及压延加工业（1.8389） 饮料制造业（1.8261） 电子及通信设备制造业（1.4037） 非金属矿物制品业（1.1676）	饮料制造业（2.9563） 医药制造业（1.5034） 非金属矿物制品业（1.4874） 化学原料及化学制品制造业（1.3778）
贵州	烟草加工业（6.4131） 炼焦、煤气及煤制品业（3.6938） 饮料制造业（2.6473） 交通、运输设备制造业（2.4189）	烟草制品业（7.5513） 有色金属冶炼及压延加工业（2.5819） 交通运输设备制造业（2.0084） 黑色金属冶炼及压延加工业（1.7845）	烟草制品业（8.5864） 饮料制造业（2.4389） 黑色金属冶炼及压延加工业（2.1570） 有色金属冶炼及压延加工业（2.0987）
云南	烟草加工业（7.2558） 食品制造业（1.6980） 黑色金属冶炼及压延加工业（1.6108） 化学工业（1.5767）	烟草制品业（8.2715） 有色金属冶炼及压延加工业（4.1220） 黑色金属冶炼及压延加工业（1.3694） 非金属矿物制品业（1.2679）	烟草制品业（14.8762） 有色金属冶炼及压延加工业（5.4412） 石油加工及炼焦业（1.8556） 黑色金属冶炼及压延加工业（1.8204）
西藏	交通、运输设备制造业（6.0560） 食品制造业（1.0404）	非金属矿物制品业（4.0027） 医药制造业（3.0889） 饮料制造业（2.5410）	饮料制造业（4.4150） 非金属矿物制品业（3.8072） 医药制造业（3.6424）
陕西	交通、运输设备制造业（2.1536） 仪器仪表及其他计量器具制造业（1.8561） 电子及通信设备制造业（1.7468） 烟草加工业（1.6919）	交通运输设备制造业（2.0800） 烟草制品业（1.9301） 仪器仪表及其他计量器具制造业（1.8561） 专用设备制造业（1.4456）	石油加工及炼焦业（2.0741） 有色金属冶炼及压延加工业（2.0588） 交通运输设备制造业（1.9635） 烟草制品业（1.8794）
甘肃	化学工业（1.5172） 黑色金属冶炼及压延加工业（1.3629） 仪器仪表及其他计量器具制造业（1.1447） 食品制造业（1.0461）	有色金属冶炼及压延加工业（6.2423） 石油加工及炼焦业（2.2270） 黑色金属冶炼及压延加工业（1.3684） 非金属矿物制品业（1.1610）	有色金属冶炼及压延加工业（4.9128） 石油加工及炼焦业（4.6259） 化学纤维制造业（4.2047） 饮料制造业（1.8845）

续表

	1988 年	1999 年	2008 年
青海	黑色金属冶炼及压延加工业（1.7483） 机械工业（1.5319） 交通、运输设备制造业（1.4596） 化学工业（1.3263）	有色金属冶炼及压延加工业（4.4786） 黑色金属冶炼及压延加工业（1.9794） 通用设备制造业（1.4171） 化学原料及化学制品制造业（1.2984）	有色金属冶炼及压延加工业（3.8372） 黑色金属冶炼及压延加工业（2.8933） 化学原料及化学制品制造业（2.4415） 医药制造业（1.1976）
宁夏	仪器仪表及其他计量器具制造业（3.1657） 炼焦、煤气及煤制品业（1.8657） 造纸及纸制品业（1.6491） 橡胶制品业（1.4258）	有色金属冶炼及压延加工业（3.2639） 石油加工及炼焦业（2.4335） 造纸及纸制品业（2.3644） 仪器仪表及文化办公机械制造业（2.2636）	有色金属冶炼及压延加工业（3.4755） 石油加工及炼焦业（3.2921） 造纸及纸制品业（3.0718） 化学原料及化学制品制造业（2.0284）
新疆	石油加工业（3.2369） 食品制造业（1.7889） 纺织业（1.4617） 黑色金属冶炼及压延加工业（1.4464）	石油加工及炼焦业（3.3359） 纺织业（2.5126） 饮料制造业（1.3579） 非金属矿物制品业（1.1979）	石油加工及炼焦业（5.5227） 化学纤维制造业（2.1566） 食品制造业（1.4037） 化学原料及化学制品制造业（1.3441）

参考文献

［1］阿瑟·刘易斯：《经济增长理论》，周师铭等译，商务印书馆 2009 年版。

［2］包玉香、王宏艳、李玉江：《人力资本空间集聚对区域经济增长的效应分析——以山东省为例》，《人口与经济》2010 年第 3 期。

［3］薄文广：《外部性与产业成长——来自中国省级面板数据的研究》，《中国工业经济》2007 年第 1 期。

［4］蔡昉、都阳：《中国地区经济增长的收敛与差距——对西部开发战略的启示》，《经济研究》2000 年第 10 期。

［5］柴志贤、黄祖辉：《集聚经济与中国工业生产率的增长》，《数量经济技术经济研究》2008 年第 11 期。

［6］陈德文、苗建军：《空间集聚与区域经济增长内生性研究——基于 1995—2008 年中国省域面板数据分析》，《数量经济技术经济研究》2010 年第 9 期。

［7］陈佳贵主编：《中国工业化进程报告——1995—2005 年中国省域工业化水平评价与研究》，社会科学出版社 2007 年版。

［8］陈建军、胡晨光：《产业集聚的集聚效应——以长江三角洲次区域为例的理论和实证分析》，《管理世界》2008 年第 6 期。

［9］陈建军、黄洁、陈国亮：《产业集聚间分工和地区竞争》，《中国工业经济》2009 年第 3 期。

［10］陈立泰、张祖妞：《服务业集聚与区域经济增长的实证研究》，《山西财经大学学报》2010 年第 10 期。

［11］陈秀山、徐瑛：《中国区域差距影响因素的实证研究》，《中国社会科学》2004 年第 5 期。

［12］陈钊、陆铭、金煌：《中国人力资本和教育发展的区域差异：对于

面板数据的估算》，《世界经济》2004 年第 12 期。
[13] 程必定：《产业转移"区域黏性"与皖江城市带承接产业转移的战略思路》，《华东经济管理》2010 年第 4 期。
[14] 戴宏伟、王云平：《产业转移与区域产业结构调整的关系分析》，《当代财经》2008 年第 2 期。
[15] 丁辉侠：《制度因素与区域经济增长——基于中国地方数据的实证分析》，《山西财经大学学报》2010 年第 7 期。
[16] 多马：《经济增长理论》，郭家麟译，商务印书馆 1983 年版。
[17] 范剑勇：《产业集聚与地区间劳动生产率差异》，《经济研究》2006 年第 11 期。
[18] 范剑勇：《产业集聚与中国地区差距研究》，格致出版社、上海人民出版社 2008 年版。
[19] 樊福卓：《地区专业化的度量》，《经济研究》2007 年第 9 期。
[20] 冯拾松：《以产业转移促进东中西部地区经济协调发展》，《当代财经》2008 年第 11 期。
[21] 傅晓霞、吴利学：《前沿分析方法在中国经济增长核算中的适用性》，《世界经济》2007 年第 7 期。
[22] 高凤莲、段会娟：《集聚、产业结构类型与区域经济增长——基于我国省级面板数据的分析》，《中央财经大学学报》2010 年第 10 期。
[23] 龚六堂：《经济增长理论》，武汉大学出版社 2000 年版。
[24] 何奕、童牧：《产业转移与产业集聚的动态与路径选择——基于长三角第二、三类制造业的研究》，《宏观经济研究》2008 年第 7 期。
[25] 金煜、陈钊、陆铭：《中国的地区工业集聚：经济地理、新经济地理与经济政策》，《经济研究》2006 年第 4 期。
[26] 李杰：《基于空间内生增长理论的区域差异成因探析》，《南开经济研究》2009 年第 3 期。
[27] 李金滟、宋德勇：《专业化、多样化与城市集聚经济》，《管理世界》2008 年第 2 期。
[28] 李晓嘉：《地方政府公共投资与区域经济增长的差异性分析》，《财经理论与实践》2011 年第 3 期。
[29] 梁琦：《产业集聚论》，商务印书馆 2004 年版。

[30] 林平凡、刘城：《产业转移：转出地与转入地的政府博弈》，《广东社会科学》2009 年第 1 期。

[31] 刘海波：《我国产业集聚水平及其对区域差异的影响研究》，经济科学出版社 2009 年版。

[32] 刘树成、张晓晶：《中国经济持续高增长的特点和地区间经济差异的缩小》，《经济研究》2007 年第 10 期。

[33] 刘修岩：《集聚经济与劳动生产率：基于中国城市面板数据的实证研究》，《数量经济技术经济研究》2009 年第 7 期。

[34] 刘勇：《交通基础设施投资、区域经济增长和空间溢出作用》，《中国工业经济》2010 年第 12 期。

[35] 刘勇、李宪：《改革开放 30 年来中国区域经济增长态势分析》，《经济研究参考》2009 年第 5 期。

[36] 罗伯特·M. 索罗：《增长理论：一种解析》（第 2 版），冯健等译，中国财政经济出版社 2003 年版。

[37] 罗能生、谢里、谭真勇：《产业集聚与经济增长关系研究新进展》，《经济学动态》2009 年第 3 期。

[38] 罗勇：《产业集聚、经济增长与区域差距：基于中国的实证》，中国社会科学出版社 2007 年版。

[39] 吕明元、王大伟：《要素转换、结构演进与区域经济增长——以天津滨海新区制造业为例的实证分析》，《经济社会体制比较》2010 年第 4 期。

[40] 孟祺：《产业集聚与技术进步——基于中国装备制造业的实证分析》，《科技与经济》2010 年第 1 期。

[41] 聂华林、王成勇：《区域经济学通论》，中国社会科学出版社 2006 年版。

[42] 潘越、杜小敏：《劳动力流动、工业化进程与区域经济增长——基于非参数可加模型的实证研究》，《数量经济技术经济研究》2010 年第 5 期。

[43] 钱水土、金娇：《金融结构、产业集聚与区域经济增长：基于 2000—2007 年长三角地区面板数据分析》，《商业经济与管理》2010 年第 4 期。

[44] 乔彬、李国平：《在联立框架中的产业集聚与知识溢出》，《当代经

济科学》2008 年第 6 期。
[45] 覃成林：《中国区域经济增长分异与趋同》，科学出版社 2008 年版。
[46] 任志军：《区域间产业转移及承接研究》，《商业研究》2009 年第 12 期。
[47] 沈坤荣等：《新增长理论与中国经济增长》，南京大学出版社 2003 年版。
[48] 沈坤荣、马俊：《中国经济增长的“俱乐部收敛”特征及其成因研究》，《经济研究》2002 年第 1 期。
[49] 藤田昌久、保罗·克鲁格曼、安东尼·J. 维纳布尔斯：《空间经济学——城市、区域与国际贸易》，梁琦译，中国人民大学出版社 2005 年版。
[50] 肖建清、刘德学：《中国制造业产业集聚趋势及分析》，《经济纵横》2008 年第 8 期。
[51] 徐强：《产业集聚因何而生——中国产业集聚形成机理与发展对策研究》，浙江大学出版社 2004 年版。
[52] 徐盈之、彭欢欢、刘修岩：《威廉姆森假说：空间集聚与区域经济增长——基于中国省域数据门槛回归的实证研究》，《经济理论与经济管理》2011 年第 4 期。
[53] 姚先国、张海峰：《教育、人力资本与地区经济差异》，《经济研究》2008 年第 5 期。
[54] 闫逢柱、乔娟：《产业集聚一定有利于产业成长吗？——基于中国制造业的实证分析》，《经济评论》2010 年第 5 期。
[55] 余长林：《中国区域经济增长条件收敛分析——基于扩展 Solow 模型的实证研究》，《山西财经大学学报》2008 年第 2 期。
[56] 俞路、蒋元涛：《我国区域经济差异的时空分析——基于全国与三大都市圈的对比研究》，《财经研究》2007 年第 3 期。
[57] 王任飞、王进杰：《基础设施与中国经济增长：基于 VAR 方法的研究》，《世界经济》2007 年第 3 期。
[58] 王小鲁、樊刚、刘鹏：《中国经济增长方式转换和增长可持续性》，《经济研究》2009 年第 1 期。
[59] 王永进、李坤望、盛丹：《契约制度与产业集聚：基于中国的理论及经验研究》，《世界经济》2010 年第 1 期。

[60] 王志刚、龚六堂、陈玉宇：《地区间生产效率与全要素生产率的分解（1978—2003）》《中国社会科学》2006 年第 2 期。

[61] 王志平：《生产效率的区域特征与生产率增长的分解》，《数量经济技术经济研究》2010 年第 1 期。

[62] 魏下海：《基础设施、空间溢出与区域经济增长》，《经济评论》2010 年第 4 期。

[63] 魏玮、毕超：《区际产业转移中企业区位决策实证分析》，《产业经济研究》2010 年第 2 期。

[64] 赵祥：《产业集聚效应与企业成长——基于广东省城市面板数据的实证研究》，《南方经济》2009 年第 8 期。

[65] 赵祥：《我国省区产业集聚：类型特征与形成机制》，《产业经济评论》2009 年第 3 期。

[66] 张纯记：《中国省际收入趋同实证研究》，《财经论丛》2011 年第 2 期。

[67] 张纯记：《我国区际产业转移的制约因素与对策》，《经济纵横》2012 年第 1 期。

[68] 张华、梁进社，《产业空间集聚及其效应的研究进展》，《地理科学进展》2007 年第 2 期。

[69] 张军、吴桂英、张吉鹏：《中国省际物质资本存量估算：1952—2000》，《经济研究》2004 年第 10 期。

[70] 张小蒂、王永齐：《企业家显现与产业集聚：金融市场的联结效应》，《中国工业经济》2010 年第 5 期。

[71] 张望：《政府公共服务、产业集聚与经济增长》，《山西财经大学学报》2010 年第 4 期。

[72] 朱英明：《产业集聚论》，经济科学出版社 2003 年版。

[73] 朱勇著：《新增长理论》，商务印书馆 1999 年版。

[74] 左大培、杨春学：《经济增长理论模型的内生化历程》，中国经济出版社 2007 年版。

[75] Accetturo, A. , 2010, “Agglomeration and Growth: The Effects of Commuting Costs”, Papers in Regional Science, vol. 89, pp. 173—190.

[76] Aiginger, K. , Davies, S. W. , 2004, “Industrial Specialisation and Geographic Concentration: Two Sides of the same coin? ”, 2008, Jour-

nal of Applied Economics, Vol. 7, pp. 231 – 248.

[77] Anselin, L., Florax, R., Rey, S., 2004, "Advanced in Spatial Econometrics: Methodology, Tools and Applications", Berlin, Springer Verlag.

[78] Baldwin, R., Forslid, R., 2000, "The Core – Periphery Model and Endogenous Growth", Economica, vol. 67, pp. 307 – 324.

[79] Baldwin, R. E., Martin, P., 2004, "Agglomeration and Regional Growth", Handbook of Regional &Urban Economics, vol. 4, pp. 2671 – 2711.

[80] Barrios, S., Strobl, E., 2009, "The Dynamics of Regional Inequalities", Regional Science and Urban Economics, Vol. 39, pp. 575 – 591.

[81] Barro, R. J., Sala – i – Matin, X., 1991, "Convergence across States and Regions", Brookings papers on Economic Activity, Vol. 2, pp. 107 – 182.

[82] Barro, R. J., Sala-i-Matin, X., 1992, "Convergence", Journal of Political Economy, Vol. 100, pp. 223 – 251.

[83] Barro, R. J., Sala-i-Matin, X., 1995, "Economic Growth", New York, McGraw Hill, pp. 42 – 44.

[84] Batisse, C., 2002, "Dynamic Externalities and Local Growth a Panel Data Analysis Applied to Chinese Provinces", China Economic Review, Vol. 13, pp. 231 – 251.

[85] Battese, G. E., Coelli, T. J., 1995, "A model for technical inefficiency effects in a stochastic frontier production function for panel data", Empirical Economics, Vol. 20, pp. 325 – 332.

[86] Bernard, A. B., Durlauf, S. N., 1996, "Interpreting Tests of the Convergence Hypothesis", Journal of Econometrics, Vol. 71, pp. 161 – 173.

[87] Blien, U., Suedekum, J., Wolf, K., 2006, "Local employment growth in West Germany: a Dynamic Panel Approach", Labour Economics, Vol. 13, pp. 445 – 458.

[88] Broersma, L., Dijk, J. V., 2008, "The Effect of Congestion and Agglomeration on Multifactor Productivity Growth in Dutch Regions", Journal of Economic Geography, Vol. 8, pp. 181 – 209.

[89] Brülhart, M., Mathys, N. A., 2008, "Sectoral Agglomeration Economies in a Panel of European Regions", Regional Science and Urban Eco-

nomics , Vol. 38, pp. 348 – 362.

[90] Brülhart, M., Sbergami, F., 2009, "Agglomeration and Growth: Cross Country Evidence", Journal of Urban Economics, Vol. 65, pp. 48 – 43.

[91] Chen, J., Fleisher, B. M., 1996, "Regional Income Inequality and Economic Growth in China", Journal of Comparative Economics, Vol. 22, pp. 141 – 164.

[92] Cheshirel, P. C., Malecki, E. J., 2004, "Growth, Development, and Innovation: A Look Backward and Forward", Papers Reg. Sci., Vol. 83, pp. 249 – 267.

[93] Ciccone, A., Hall, R., 1996, "Productivity and the Density of Economic Activity", American Economic Review, Vol86, pp. 54 – 70.

[94] Ciccone, A., 2002, "Agglomeration Effects in Europe", European Economic Review, Vol. 46, pp. 213 – 227.

[95] Coelli, T. J., 1996, "A guide to Frontier4. 1: A computer program for stochastic frontier production and cost function estimation", CEPA Working Paper Armidale, Australia, (7).

[96] Coulibaly, S., 2008, "Agglomeration and Specialization Patterns when Firms and Workers are Footloose", Journal of Economic Integration, Vol. 23, pp. 205 – 236.

[97] Coxhead, I., 2007, "A New Resource Curse? Impacts of China's Boom on Comparative Advantage and Resource Dependence in Southeast Asia", World Development, Vol. 35, pp. 1099 – 1119.

[98] Crozet, M., Koenig P., 2007, "The Cohesion vs Growth Tradeoff: Evidence from EU Regions", Mimeo, University of Paris 1.

[99] Delong, J. B., 1988, "Productivity Growth, Convergence, and Welfare: Comment", American Economic Review, Vol. 78, pp. 1138 – 1154.

[100] Devereux, M. P., Griffith, R., Simpson, H., 2007, "Firm Location Decisions, Regional Grants and Agglomeration Externalities", Journal of Public Economics, Vol. 91, pp. 413 – 435.

[101] Ding, S., Knight, J., 2009, "Can the augmented Solow model explain China's Remarkable Economic Growth? A Cross – Country Panel Data Anal-

ysis", Journal of Comparative Economics, Vol. 37, pp. 432 – 452.

[102] Dixit, A., Stiglitz, J., 1997, "Monopolistic Competition and Optimum Product Diversity", American Economic Review, Vol. 67, pp. 297 – 308.

[103] Doi, J., Nishimura, K., Shimomurac, K., 2007, "A Two – Country Dynamic Model of International Trade and Endogenous Growth: Multiple Balanced Growth Paths and Stability", Journal of Mathematical Economics, Vol. 43, pp. 390 – 419.

[104] Egger, P., Gruber, S., Larch, M., Pfaffermayr, M., 2007, "Knowledge-Capital Meets New Economic Geography", Ann Reg Sci, Vol. 41, pp. 857 – 875.

[105] Fan, C. C., Scott, A. J., 2003, "Industrial Agglomeration and Development: A Survey of Spatial Economics Issues in East Asia and a Statistical Analysis of Chinese Regions", Economic Geography, Vol. 79, pp. 295 – 319.

[106] Fujita, M., Thisse, J. F., 2002, "Economics of Agglomeration: Cities, Industrial Location, and Regional Growth", Cambridge University Press.

[107] Fujita, M., Thisse, J. F., 2003, "Does Geographical Agglomeration Foster Economic Growth? And Who Gains and Loses from It?", Japanese Economic Review, Vol. 54, pp. 121 – 145.

[108] Ge Ying, 2009, "Globalization and Industry Agglomeration in China", World Development, Vol. 37, pp. 550 – 559.

[109] Glaeser, E. L., Kallal, H., Scheinkman, J. A., Shleifer, A., 1992, "Growth in cities", Journal of Political Economy, Vol. 100, pp. 1126 – 1152.

[110] Grossman, G., Helpman, 1991, "Innovation and Growth in the Global Economy", Cambridge, MA: MIT Press.

[111] Gómez, M. A., 2011, "Duplication Externalities in an Endogenous Growth Model with Physical Capital, Human Capital, and R&D", Economic Modelling, Vol. 28, pp. 181 – 187.

[112] Haoming Liu, TONG, S. Y., 2009, "Market Segmentation and the

Location of Production Activities", Comparative Economic Studies, Vol. 51, pp. 302 – 322.

[113] Henderson, V., 1997, "Externalities and industrial development", Journal of Urban Economics, Vol. 42, pp. 449 – 470.

[114] Henderson, V. J., 2003, "Marshall's Scale Economies", Journal of Urban Economics, Vol. 42, pp. 449 – 470.

[115] Jerzmanowski, M., 2007, "Total factor productivity differences: Appropriate technology vs. efficiency", European Economic Review, Vol. 51, pp. 2080 – 2110.

[116] Karlsson, C., Gråsjö, U. & Andersson, M., 2006, "Regional Knowledge Accessibility and Regional Economic Growth", CESIS Electronic Working Paper Series, No. 66.

[117] Kranich, J., 2009, "Agglomeration Innovation and International Research Mobility", Economic Modelling, Vol. 26, pp. 817 – 830.

[118] Krugman P., 1980, "Scale Economies, Product Differentiation, and the Pattern of Trade", American Economic Review, Vol. 70, pp. 950 – 959.

[119] Krugman, P., 1991, "Increasing Returns and Economic Geography", Journal of Political Economy, Vol. 99, pp. 483 – 499.

[120] Krugman, P., 1993, "First Nature, Second Nature, and Metropolitan Location". [J]. Journal of Regional Science, Vol. 34, pp. 129 – 144.

[121] Lall, S. V., Shalizi, Z. & Deichmann, U., 2004, "Agglomeration Economies and Productivity in Indian Industry", Journal of Development Economics, Vol. 73, pp. 643 – 673.

[122] Lei Tian, Wang, H. H. &Yongjun Chen, 2010, "Spatial Externalities in China Regional Economic Growth", China Economic Review, Vol. 21, pp. S20 – S31.

[123] Lu Jiangyong, Tao Zhigang, 2009, "Trends and Determinants of China's Industrial Agglomeration", Journal of Urban Economics, Vol. 65, pp. 167 – 180.

[124] Lucas, R., 1988, "On the Mechanics of Economic Development", Journal of Monetary Economics, Vol. 22, pp. 3 – 42.

[125] Mankiw, N., Romer, D. & Weil, D., 1992, "A contribution to the

empirics of economic growth", Quarterly Journal of Economics, Vol. 107, pp. 407 - 437.

[126] Mano, Y., Otsuka, K., 2000, "Agglomeration Economies and Geographical Concentration of Industries: A Case Study of Manufacturing Sectors in Postwar Japan", Journal of the Japanese and International Economies, Vol. 14, pp. 189 - 203.

[127] Martin, P., Ottaviano, G. I. P., 1999, "Growing locations: Industry Location in a Model of Endogenous Growth", European Economic Review, Vol. 43, pp. 281 - 302.

[128] Martin, P., Ottaviano, G. L., 2001, "Growth and Agglomeration", International Economic Review, Vol. 43, pp. 947 - 968.

[129] Nocca, A., 2005, "The Rise and Fall of Regional Inequalities with Technological Differences and Knowledge Spillovers", Regional Science and Urban Economics, Vol. 35, pp. 542 - 569.

[130] Okubo, T., 2009, "Trade Liberalisation and Agglomeration with Firm Heterogeneity: Forward and Backward Linkages", Regional Science and Urban Economics, Vol. 39, pp. 530 - 541.

[131] Ottaviano, G. I. P., Pinelli, D., 2006, "Market Potential and Productivity: Evidence from Finnish Regions", Regional Science and Urban Economics, Vol. 36, pp. 636 - 457.

[132] Paul, C. J. M., Siegel, D. S., 1999, "Scale Economies and Industry Agglomeration Externalities: A Dynamic Cost Function Approach", Vol. 89, pp. 272 - 290.

[133] Pedroni, P., Yao, J. Y., 2006, "Regional Income Divergence in China", Journal of Asian Economics, Vol. 17, pp. 294 - 315.

[134] Peng, S. K., Thisse, J. F. & Wang, P., 2006, "Economic Integration and Agglomeration in a Middle Product Economy", Journal of Economic Theory, Vol. 131, pp. 1 - 25.

[135] Picard, P. M., Tabuchi, T., 2010, "Self-Organized Agglomerations and Transport Costs", Econ Theory, Vol. 42, pp. 565 - 589.

[136] Porter, M., 1990, "Competitive Advantage of Nations", Harvard Business Review, Vol. 68, pp. 73 - 93.

[137] Quah, D. T., 1993, "Galton's Fallacy and Tests of the Convergence Hypothesis", Scandinavian Journal of Economics, Vol. 95, pp. 427 – 443.

[138] Quah, D. T., 1996, "Twin Peaks: Growth and Convergence in Models of Distribution Dynamics", The Economic Journal, Vol. 6, pp. 1045 – 1055.

[139] Raiser, M., 1998, "Subsidizing inequality: Economic reforms, fiscal transfers and convergence across Chinese provinces", Journal of Development Studies, Vol. 34, pp. 1 – 26.

[140] Rodríguez – Pose, A., Tselios, V., 2010, "Inequalities in Income and Education and Regional Economic Growth in Western Europe", Ann Reg Sci, Vol. 44, pp. 349 – 375.

[141] Romer, P., 1986, "Increasing Returns and Long – Run Growth", Journal of Political Economy, Vol. 94, pp. 1002 – 1037.

[142] Sala-i-Martin, X., 1996, "The Classical Approach to Convergence Analysis", The economic journal, Vol. 106, pp. 1019 – 1036.

[143] Sala-i-Martin, X., 2004, "Doppelhofer G &Miller R. I. Determinants of Long-term Growth: A Bayesian Averaging of Classical Estimates (BACE) Approach", American Economic Review, Vol. 94, pp. 813 – 835.

[144] Sbergami, F., 2002, "Agglomeration and Economic Growth: Some Puzzles", HEI Working Paper, No. 02.

[145] Sharma, S. C., Sylwester, K., Marnogo, H., 2007, "Decomposition of total productiviey growth in U. S. states", The Quarterly Review of Economics and Finance, Vol. 47, pp. 215 – 241.

[146] Solow, R. M., 1957, "Technical change and the aggregate production function", Review of Economics and Statistics, Vol. 39, pp. 312 – 320.

[147] Tamai, T., 2009, "Variety of Products, Public Capital, and Endogenous Growth", Economic Modelling, Vol. 26, pp. 251 – 255.

[148] Tuan, C., Ng, L. F. Y., 2004, "Manufacturing Agglomeration as Incentives to Asian FDI in China after WTO", Journal of Asian Economics, Vol. 15, pp. 673 – 693.

[149] Van Oort F. G., 2007, "Spatial and sectoral composition effects of agglomeration economies in the Netherlands", Pap Reg Sci, Vol. 86, pp. 5 – 30.

[150] Varga, A., Schalk, H. J., 2004, "Knowledge Spillovers, Agglomeration and Macroconomic Growth: An Empirical Approach", CREP Working Paper, No. 4.

[151] Wheeller, C. H., 2007, "Do Localization Economies Derive from Human Capital Externalities?", Ann Reg Sci, Vol. 41, pp. 31 – 50.

[152] Williamson, J. G., 1965, "Regional Inequality and the Process of National Develo pment", . Economic Development and Cultural Change, Vol. 13, pp. 3 – 45.

[153] Yao, S. J., Zhang Z. Y., 2001, "On regional inequality and diverging clubs: A case study of contemporary China", Journal of Comparative Economics, Vol. 29, pp. 466 – 484.

[154] Zelai Xu, 2009, "Productivity and Agglomeration Economies in Chinese Cities", Comparative Economic Studies, Vol. 51, pp. 284 – 301.

[155] Zeng, D. Z., 2006, "Redispersion is Different from Dispersion: Spatial Economy of Multiple Industries", Ann Reg Sci, Vol. 40, pp. 229 – 247.

后　　记

本书是在我的博士学位论文的基础上修改完成的，在此谨向培养我的母校上海财经大学和我的导师豆建民教授表示深深的敬意和由衷的感谢。

本书得到 2013 年度浙江省哲学社会科学规划课题后期资助课题（13HQZZ029）资助，在此深表谢意，文责自负。

本书的出版得到了中国社会科学出版社的指导和帮助，向各位编辑老师的辛勤付出表示感谢。